UBÉRISATION, PIÈGE À CONS

GURVAN KRISTANADJAJA

UBÉRISATION, PIÈGE À CONS

Robert Laffont

ISBN : 978-2-221-25313-7
Dépôt légal : avril 2021
Éditions Robert Laffont – 92, avenue de France 75013 Paris

« Je suis pro-efficacité. Je veux l'activité la plus économique au prix le plus bas possible. C'est bon pour tout le monde. »

Travis Kalanick, fondateur d'Uber

« Dans ces entreprises, il y a les deux bouts de la chaîne sociale. On trouve les gagnants et les perdants de l'économie numérique et l'on y voit encore plus clairement les ségrégations. »

Sarah Abdelnour, sociologue

AVANT-PROPOS

Pour les « invisibles » de l'ubérisation

Il y a parfois un mot qui résume à lui seul les raisons pour lesquelles on a choisi son métier. Pour moi, c'est « invisible », ou plutôt « les invisibles ». Je ne saurais précisément expliquer pourquoi.

Peut-être est-ce mon appétence pour le journalisme de terrain ? Ces dernières années, cette expression a désigné la foule disparate, des Gilets jaunes aux petites mains de la pandémie en passant par les migrants que j'ai interrogés presque chaque jour.

Peut-être est-ce aussi la façon dont je perçois notre pays, où l'on rencontre tant de personnes qui témoignent de ce sentiment de ne pas être entendues et de ne pas être vues. Profs, éboueurs, caissières, femmes de ménage, banlieusards, agriculteurs, pêcheurs, immigrés de toutes générations… Tous résument les choses ainsi : certains parlent fort (trop fort), sans vraiment savoir, quitte à saturer le débat public ; les autres n'ont plus qu'à se taire et à accepter leur condition sociale.

J'ai parfois eu le sentiment de faire partie de cette seconde catégorie de Français. Parce que je porte un nom à consonance étrangère (et que j'ai le physique qui va avec), ou parce que je n'ai pas fait de « grandes études ». Mais maintenant que l'on me lit dans les colonnes d'un quotidien national (*Libération*), maintenant que j'ai la parole, je souhaite avant tout la donner à celles et ceux qui ne l'ont jamais eue.

Quand je suis arrivé à Paris, il y a presque dix ans désormais, une chose m'a frappé : les gens marchent vite. J'ai pris le pli, mais tous mes proches qui viennent me rendre visite s'en amusent. Même pour aller chercher son pain, on trottine. C'est sans doute un détail, mais ça en dit long sur l'allure à laquelle vit cette ville.

Ce n'est pas un hasard si l'idée d'Uber a germé ici dans la tête de ses fondateurs et si les plateformes y ont trouvé l'un des terrains de jeu les plus fertiles au monde pour se développer ces dix dernières années.

C'est à Paris, en particulier, que la question des nouvelles mobilités est pertinente, quand certains doivent enchaîner trois voire quatre modes de transport pour se rendre au travail.

C'est ici aussi que vivent les classes moyennes supérieures, plus enclines à dépenser de l'argent pour améliorer sans cesse leur confort.

Ici enfin que certains, parmi les plus pauvres, cumulent deux ou trois jobs pour espérer boucler les fins de mois.

En quelques années – à partir de 2015 –, j'ai perçu que la ville changeait à vue d'œil. Il y a d'abord eu ces berlines noires assez luxueuses qui sont apparues en nombre dans les rues de la capitale. C'était pratique pour se déplacer, notamment la nuit pour rentrer de soirée, quand les métros étaient fermés. On vous mettait une bouteille d'eau à disposition en plus de sièges confortables, on connaissait le prix de la course à l'avance… Une petite révolution.

Puis il y a eu les livreurs à vélo qui sont sortis de partout comme des champignons, qu'il pleuve ou qu'il vente, avec leurs sacs carrés sur le dos. Là encore, ce fut un progrès pour les clients qui pouvaient se faire livrer n'importe quoi à n'importe quelle heure.

À quelques années près, j'aurais pu occuper l'un ou l'autre de ces boulots pour payer mes études ou mes vacances. Je suis plutôt à l'aise avec la technologie, j'aime conduire et rendre service. Porté par l'air du temps, j'ai d'abord considéré ces métiers comme de bonnes nouvelles pour les travailleurs qui les exerçaient. Mais, au fil des mois, il fut frappant de constater à quel point leur discours avait peu à peu évolué : le « bon petit job » était devenu une forme d'asservissement.

Plus jeune, j'avais imaginé des tas d'éventualités pour notre futur dans la décennie 2020. Des voitures volantes et des villes aériennes, par exemple, comme dans *Le Cinquième Élément* de Luc Besson. J'avais aussi pensé – naïvement – que les « robots » pourraient très vite nous faciliter la vie. Et que la « destruction créatrice » théorisée par l'économiste américain Joseph Schumpeter[1] pourrait être vertueuse en permettant l'émergence d'emplois épanouissants pour le plus grand nombre.

En réalité, quand j'observe les livreurs à vélo ou les chauffeurs de berline, je constate l'exact inverse. L'automatisation des tâches a bien eu lieu par le biais des algorithmes et de l'intelligence artificielle, et c'est,

1. Cet économiste de la première moitié du XXe siècle a inventé le concept de « destruction créatrice » selon lequel la disparition d'activités liées à l'innovation entraînerait la création de nouvelles opportunités.

selon moi, un progrès important. Mais, si toute cette technologie complexe a été pensée pour diriger des robots dans un avenir plus ou moins proche, ce sont bien des hommes qui aujourd'hui doivent (sur)vivre de ce travail en miettes.

Quand Emmanuel Macron a été élu, en mai 2017, il a charrié avec lui l'espoir d'un « nouveau monde » qui serait porté à la fois par un renouveau politique et par le développement technologique. Là aussi, certains ont subi un effet *Cinquième Élément* et cru dur comme fer à une entrée précipitée dans un futur fantasmé pour le pays inventeur du Minitel. Avec quelques années de recul, la réalité du terrain est bien différente.

En tant que client, il m'a fallu du temps pour le réaliser. En tant que journaliste, ce fut un choc violent. Si certaines de ces nouvelles entreprises ont effectivement été un eldorado pour des jeunes au CV bien rempli, elles ont aussi été le cimetière des illusions de nombreux candidats à la « start-up nation » en créant de nouvelles classes de travailleurs pauvres et peu protégés.

Il n'y a qu'à les regarder pour comprendre ce qui se joue : ils sont pour la plupart jeunes et issus de banlieue ou migrants primo-arrivants. Ils ont sincèrement cru pouvoir s'extraire de leur condition en devenant « leurs propres patrons ». Leur liberté de façade était en fait une nouvelle forme d'aliénation.

C'est d'abord pour eux, les « invisibles » de l'ubérisation, que j'ai écrit ce livre, fruit, notamment, de trois années d'enquête au sein de *Libération*. Pour qu'ils puissent prendre la parole, témoigner de leur âpre réalité et envisager leur émancipation.

1

Histoire d'une utopie

Du modem bruyant à l'antipuces pour chats dans la boîte aux lettres…

J'ai toujours eu la sensation d'être né à un moment étrange de notre vie collective.

Le 3 octobre 1991, dans une espèce de faux plat de l'Histoire, coincé entre deux siècles, deux ans après la chute du mur de Berlin, dix avant celle des tours jumelles du World Trade Center.

Pourtant, je suis aussi convaincu que toutes les personnes nées comme moi entre la fin des années 80 et le début des années 90 ont eu une chance inouïe. Celle d'avoir connu deux mondes et, au gré de ce basculement d'époque, une révolution de nos modes de vie. Pour notre « génération » – même si je n'aime pas beaucoup ce terme –, Internet est comme un vieux copain qui a traversé les mêmes épreuves que nous.

Les premières années, lorsque j'étais encore enfant, le modem faisait un bruit d'enfer dans la cage d'escalier de la maison, le temps de navigation était limité, et ma mère nous demandait de couper le réseau quand elle attendait un appel. Un site web basique mettait des heures à s'afficher, l'image se chargeait comme un parchemin que l'on déroule lentement de haut en bas.

Raison pour laquelle, d'ailleurs, avec mon grand frère, on préférait jouer à Adibou.

Plus tard, à l'adolescence, j'ai découvert le haut débit, MSN et les Skyblogs. La belle époque des commentaires sous les photos des copains – « toa jtdr tp tp fort » – et de la drague sur MSN Messenger.

On y a découvert les joies de l'anonymat, aussi : là-bas, sous pseudo, on pouvait être qui on voulait. Vinrent les premières copines à distance, les adresses Caramail, et l'Internet illimité.

Pour certains, ce changement de société allait au passage bouleverser un pan entier de leur vie. C'était mon cas. Lorsque j'étais encore enfant, mon père, d'origine indonésienne, avait quitté la France pour Jakarta. Les mois s'étaient écoulés, comme va la vie, puis les années, et lorsqu'on s'était retournés, on avait simplement perdu sa trace.

En pleine adolescence, on a reçu un mail d'un cousin du pays. On ne le savait pas mais, pendant toutes ces années, notre famille indonésienne avait aussi cherché à nous retrouver, sans succès. Au fil du temps, notre existence était devenue un sujet tabou, nous étions comme une rumeur. Certains de nos cousins de là-bas avaient bien entendu parler de nous, d'autres avaient même vu des photos que mon père avait rapportées dans ses valises, mais personne ne savait ce que nous étions devenus. Dans la famille, il était d'ailleurs interdit d'évoquer collectivement le sujet.

Mais en 2009, avec le développement d'Internet, j'avais laissé des traces de mon identité un peu partout, les prémices de mon « empreinte numérique ». Suffisamment en tout cas pour que, lorsque mon cousin geek installé en Allemagne entreprit de me googliser, il trouve mon adresse e-mail. Ses premiers mots étaient : « Hi, you don't know me but I know you. I'm your cousin from Indonesia. My mum is your dad's sister. »

Ce soir-là, assis devant l'écran d'ordinateur, j'ai relu son message des dizaines de fois et imprimé chacun de ses mots. J'avais attendu ce jour toute mon enfance.

On a finalement échangé un moment, puis on s'est rencontrés chez moi. Ce fut une belle réunion de famille, avec ma mère, mon frère, ses parents (mon oncle et ma tante, donc). Sur Facebook encore balbutiant, mon frère et moi avons ensuite reçu des demandes de toute notre famille à l'autre bout de la planète : des cousins et cousines de notre âge, ravis de comparer leur vie avec celle de petits Français. Une famille enfin recomposée à distance, c'était ce que nous offrait le progrès.

Et, quelques mois plus tard, nous recevions une demande en ami sur le réseau social... de notre propre père. Quinze ans après son départ, il rompait le silence d'un simple message, presque laconique : « Je suis à Paris dans deux semaines. » Souvent, lorsque je remonte le fil de cette histoire, je m'interroge : tout cela aurait-il été possible sans Internet ?

À l'âge adulte – à partir de 2010 –, tout s'est accéléré : les téléphones tactiles, le wifi, la 3G puis la 4G, le porno en HD, Facebook puis Instagram. Tout ça presque en une fraction de seconde. Notre quotidien en ligne est devenu plus que jamais instantané : je peux appeler mon père à Jakarta à n'importe quel moment et en quelques secondes, ou retrouver une amoureuse de collège en une poignée de minutes. Pour nous tous, ce bouleversement est une belle promesse : celle d'un monde totalement nouveau.

Au tournant de cette décennie, après des années de progrès et d'innovations, Internet n'a plus seulement chamboulé nos vies intimes en ligne – comme ce fut le cas avec la mienne : c'est notre environnement tout entier qui a vécu une mue spectaculaire.

En l'absence de garde-fou, beaucoup de ce que nous avions connu en ligne a été transposé dans la vie réelle pour faire émerger une société de l'instantané, au cœur d'une économie mondialisée. Tout y est désormais pensé et calculé pour que chacun puisse vivre comme si les distances n'existaient plus. En un clic, je peux aujourd'hui commander tout et n'importe quoi et me le faire livrer chez moi en quelques heures : de l'antipuces pour chat, une coque de téléphone, un jeu vidéo, du faux lierre en plastique de décoration, des balles de ping-pong, des tongs, un dessous-de-plat, mais aussi une pizza quatre fromages, des sushis au saumon, une soupe, un Kinder Bueno ou encore une voiture avec chauffeur pour rentrer de soirée ou une trottinette électrique pour parcourir quelques centaines de mètres.

Comme d'autres, j'ai plongé. C'était la suite logique de ce que nous avions connu auparavant sur Internet et ça nourrissait chez moi un vieux fantasme : tout avoir à disposition sans bouger. J'ai fini par connaître par cœur les applications de ces entreprises à force de les utiliser : Uber, Deliveroo, Amazon... Je n'étais pas le seul, d'ailleurs : la plupart d'entre nous en avons installé au moins une sans réellement nous poser de questions. Après tout, c'est si pratique... Pour nous, depuis le modem bruyant, c'est ainsi et en toute logique que se poursuit le progrès.

Et puis, un jour, je me suis retrouvé de l'autre côté du miroir. Parce que j'ai été chargé de suivre l'actualité de ces plateformes pour *Libération*. Par curiosité, aussi.

Durant deux petites semaines au total, j'ai bossé en tant que livreur Amazon puis Stuart. Remonter sans relâche les rues de ma ville le sac chargé de colis fut un choc. J'y ai eu un aperçu de ce que « travailler pour un algorithme » signifiait réellement, au-delà des discours militants. Comme d'autres, j'avais pourtant cru naïvement au storytelling des start-up. Mais, sur le bitume, j'ai constaté que, pour ces multinationales, Internet n'était qu'un argument pour décloisonner le travail. Elles créent un monde parallèle bien éloigné de celui que l'on connaît vous et moi au quotidien. Et, lorsqu'on en fait soudain partie, contrairement à ce qu'elles nous ont vendu, on ressent un fort et violent sentiment de déclassement.

Quand je repense naïvement à ce qu'étaient nos vies il y a vingt ans, et ce qu'elles sont devenues aujourd'hui, je me questionne : était-ce vraiment cela que l'on pouvait espérer du « nouveau monde » promu par les plateformes ? Et, surtout, quel est vraiment le prix à payer pour ce bouleversement sans précédent ?

*

* *

Pour bien comprendre cette mutation de nos modes de vie, il faut revenir aux origines de la plus emblématique des entreprises de la nouvelle ère : Uber. Dans la légende de la start-up de San Francisco, une scène en particulier en dit long sur son influence en matière de prétendu « nouveau monde ».

Nous sommes à Paris, au mois de novembre 2008. Trois jeunes Américains déjà dans les affaires, Garrett Camp, Travis Kalanick et Oscar Salazar, sont en visite à l'occasion du salon LeWeb, qui réunit les grandes entreprises d'Internet. Immergés dans cet écosystème d'innovations, où l'on est obnubilé vingt-quatre heures sur vingt-quatre par la perspective d'imaginer le monde de demain, ils sont frappés par la difficulté de trouver un taxi dans les rues de la vieille capitale française. C'est ainsi que va germer dans leurs cerveaux l'idée d'un concurrent plus simple, plus rapide et plus efficace. À cette époque, la technologie avance vite et leur donne des gages de faisabilité. De retour en Californie, les trois entrepreneurs font le parallèle avec ce qu'ils vivent déjà à San Francisco et ont une intuition : s'ils réussissent à populariser leur modèle, il pourra s'exporter dans chaque pays de la planète où il y a déjà des taxis. Leur projet porte un nom de code : UberCab (comprendre littéralement « au-dessus des taxis »).

Dans une autre version de l'histoire, racontée dans la presse et moins conforme aux *success stories* du XXIe siècle, c'est Garrett Camp qui en aurait eu l'idée en regardant le film *Casino Royale*[1] à la télévision.

Mais peu importe au fond la vérité vraie, tant qu'il y a un storytelling digne de ce nom. Car, dès la naissance de la société, les trois jeunes entrepreneurs ont pour projet de proposer autre chose qu'une simple innovation technologique. Ils souhaitent aussi voir éclore leur vision de l'avenir, avec une nouvelle organisation du travail et de la consommation des services. Un dogme révolutionnaire auquel on a à juste titre attribué le néologisme d'« ubérisation ».

Cette année 2008, les fondateurs rédigent un premier document de présentation de l'entreprise, destiné à de

1. Dans ce vingt et unième film inspiré des romans de Ian Fleming et sorti en 2006, Daniel Craig interprétait James Bond pour la première fois.

potentiels partenaires, dans lequel ils détaillent leur stratégie. « Ils ont eu plusieurs intuitions, notamment celle qu'il fallait proposer un service rapide, sans avoir à échanger du cash, et qui puisse rétablir une sorte de sécurité en sachant à l'avance qui va te conduire », explique Andrew Byrne, actuel directeur mondial des affaires publiques (*Global Head of Public Policy*)[1].

Premiers axiomes : leur projet UberCab doit être un service « à la demande » et « centré sur l'utilisateur ». Ils sont déterminés à concurrencer frontalement un modèle installé depuis plus d'un siècle et qui conserve précieusement son monopole, celui des taxis. Il y en a dans toutes les grandes villes du monde, et le système n'a pas ou peu évolué depuis des dizaines d'années. Une stratégie que l'on qualifie aujourd'hui de « disruptive », en raison de son agressivité. Au commencement, les trois jeunes start-uppers imaginent proposer un service aussi prestigieux que celui des limousines, mais plus accessible : « Ils [les taxis] utilisent des technologies dépassées et inefficaces », estiment-ils dans ce document inédit. « Les taxis ne garantissent pas la prise en charge, cela peut prendre jusqu'à quarante-cinq minutes. Les taxis ne sont pas aussi sûrs et propres qu'une limousine. UberCab sera plus rapide et moins cher qu'une limousine, plus sûr et plus propre qu'un taxi », résument-ils.

En bons néolibéraux, Camp, Kalanick et Salazar voient alors dans ce monopole bien installé une source de profits potentiels qui ne demande qu'à être captée par des concurrents innovants. Ils savent que, s'ils proposent de fait un service moins cher et plus pratique, ils sont assurés de voir débarquer une partie de la clientèle mécontente des taxis. Ils ont aussi le pressentiment que

1. Entretien avec l'auteur, le mardi 8 décembre 2020.

le monde des années 2010 que l'on s'apprête à découvrir est à un point de bascule important : l'introduction massive de la technologie numérique dans notre quotidien ne peut que considérablement transformer nos vies. Un an plus tôt, en janvier 2007, Steve Jobs a présenté le premier iPhone : un succès commercial planétaire immédiat, qui a commencé à bouleverser les modes de consommation. Pour une jeune entreprise comme UberCab, c'est la promesse de jours heureux et fastes.

Si elle se dépêche de monter dans le bon wagon.

Les trois fondateurs vont donc s'appuyer sur les toutes dernières innovations rendues possibles par le développement d'Internet et des smartphones. Dans l'écosystème prévu par Apple, il est possible, par exemple, d'installer des applications tierces. Camp, Kalanick et Salazar vont imaginer une appli très simple, basée sur la géolocalisation et la cartographie, deux autres technologies que démocratise l'iPhone.

Le document de présentation d'UberCab de 2008 assure que la prise en charge est « garantie » grâce aux photos de chacun des chauffeurs et des utilisateurs, ainsi qu'à la localisation précise du conducteur et de l'utilisateur. À tout moment, sur Uber, mon téléphone sait où je suis et me propose des véhicules disponibles à proximité. Quand j'ai commandé ma course, une petite icône permet de suivre le trajet du chauffeur jusqu'à moi. Terminé aussi le compteur du taxi qui tourne sur le tableau de bord et donne des sueurs froides dans les bouchons. Grâce à l'algorithme, il est désormais possible de connaître à l'avance le prix de la course. Et tout ça tient désormais dans la poche : un petit exploit pour l'époque.

Reste une inconnue dans l'équation, la plus complexe : comment convaincre des milliers de travailleurs de rejoindre l'entreprise, d'obéir à un algorithme et de conduire des passagers quotidiennement ? C'est un point crucial, car c'est ce qui garantira à l'entreprise un développement rapide et fiable. Aux États-Unis, où l'entreprise est née, on commence à conduire à 16 ans. Ce ne sont donc pas les potentiels conducteurs qui manquent. Un point pose tout de même problème : si Uber, encore toute jeune, décide d'embaucher ses chauffeurs, la société devra également gérer les frais annexes ainsi que des charges importantes. Les coûts de production seront faramineux, ce qui freinera son développement. D'autant qu'elle a à l'esprit, dans un premier temps, de faire rouler ses utilisateurs dans des voitures prestigieuses et confortables, des Mercedes notamment, dont elle ne peut décemment pas financer l'acquisition.

Les trois compères vont alors décider d'imposer une règle au cœur de leur modèle : chacun des chauffeurs devra être un travailleur indépendant. Ainsi, ce sont eux qui assumeront les frais de fonctionnement de leur véhicule (entretien, essence, assurance, frais de parking, etc.), leurs congés, leur couverture santé… Ils devront aussi s'acquitter de l'achat d'une berline choisie dans une liste prévue par l'entreprise – et donc contracter un prêt bancaire. Difficile de faire accepter cette modalité du contrat, mais, pour convaincre que c'est un investissement « gagnant-gagnant », UberCab va abattre sa carte magique : le mythe bien américain du self-made-man.

Au moment de la création en mars 2009, puis lorsque l'application est mise en ligne en mai 2010, dans un relatif anonymat, l'économie américaine se remet péniblement de la crise financière et repart seulement à la hausse après deux années de soubresauts, de faillites en série et de nombreux sacrifices. Pour les centaines de milliers de personnes échouées sur le bas-côté, le discours de l'entreprise représente un vif espoir.

La firme va infuser l'idée que, grâce à son appli, n'importe qui peut désormais devenir son propre patron et rouler dans une berline de luxe. Sur le papier, c'est une aubaine inespérée pour de nombreux chômeurs : pas d'employeurs pour les licencier en cas de coup dur et du travail à volonté quand et où ils le souhaitent. Pour recruter plus largement, UberCab va spécialement cibler les populations les plus précaires. Là où la déscolarisation est importante, où l'on ressent une forte défiance vis-à-vis des autorités, que l'on estime responsables de cette crise. Chez ces délaissés du libéralisme triomphant, le discours d'Uber trouve un puissant écho : l'idéal d'un monde vraiment nouveau qui viendrait tout renverser et rebattre les cartes les fait rêver.

*

* *

Dès le lancement à San Francisco, le succès est important. Si bien qu'UberCab est introduite en quelques mois seulement dans les autres grandes villes des États-Unis et en profite pour changer de nom : ce sera Uber, tout simplement. La jeune société vit aussi ses premières controverses avec la fronde des taxis, qui lui reprochent d'exercer une concurrence déloyale : dans certaines grandes villes comme à Paris, les chauffeurs jouissaient depuis le début du siècle précédent d'un monopole peu concurrentiel. C'est d'ailleurs en France qu'elle poursuit son développement à l'international dès 2012. L'Hexagone devient le premier pays étranger à l'accueillir. « Après avoir eu l'idée à Paris, s'y installer en premier, c'était un symbole », assume

Andrew Byrne[1]. Ici, Uber est fidèle à ses principes : elle se lance dans un relatif anonymat, mais avec une stratégie agressive. Le recrutement de conducteurs va être facilité dans l'Hexagone par le statut d'auto-entrepreneur créé en 2008 et par le développement de l'activité de la « grande remise », des berlines luxueuses avec chauffeur destinées aux hôtels ou aux réceptions, prévue par la loi Novelli de 2009. « Jusqu'à l'été 2012, vous aviez en France seulement une trentaine de chauffeurs issus de la grande remise. À l'époque, c'est vraiment une niche », explique un ancien dirigeant de la firme en France, qui souhaite rester anonyme.

À partir de 2013, pour recruter en masse, le discours originel de la future licorne[2] autour du mythe du self-made-man va finalement trouver son public en France. « À partir de là, il y a un boom, ça a explosé de façon assez linéaire, et beaucoup de monde est venu se renseigner. Dans nos locaux, on recevait jusqu'à 800 personnes par semaine. Des gens attirés par cette idée d'auto-entrepreneuriat », assure l'ancien cadre de la branche française. En 2015, l'application devient un incontournable de la nouvelle mobilité dans l'Hexagone. « C'étaient les années folles. Nous étions une équipe très jeune, avec des profils différents, mais nous avions en commun cette recherche de disruption », résume l'ancien cadre. Cette période va connaître son apogée lors de la première campagne de publicité nationale, lancée en 2016 pour le quatrième anniversaire d'Uber France, symbole des intentions de la firme dans le pays. C'est à ce moment qu'Uber paraît être un eldorado pour de nombreux jeunes déclassés. Sur une des

1. Entretien avec l'auteur, le 8 décembre 2020.

2. Une licorne est une start-up qui est valorisée à plus d'un milliard de dollars. En France, on peut notamment citer BlablaCar, OVH (fournisseur d'accès internet, etc.) et Doctolib.

affiches, placardées dans les dix plus grandes villes du pays, on voit un homme, d'origine africaine ou d'outre-mer, la cinquantaine, installé au volant d'une voiture. Il porte un costard-cravate assez chic, tient fermement le volant en arborant un large sourire. Dans son rétroviseur, il regarde fièrement le passager assis à l'arrière. Sous cette image idyllique, on peut lire en lettres capitales « Uberéussite », au-dessus du slogan « Devenez votre propre patron, devenez chauffeur ».

Uber ne s'est pas arrêtée aux frontières françaises et a poursuivi sa conquête du monde de la mobilité urbaine partout où elle l'a pu. Elle s'est par exemple implantée en 2013, avec les mêmes arguments et dans les mêmes conditions, dans deux autres pays symboliques de ses immenses ambitions : l'Inde et l'Afrique du Sud.

Petite consécration, cette même année, le journal *USA Today* décerne à ses fondateurs le prix « Tech Company of the Year ». L'éditorialiste Michael Wolff écrit : « Uber est une démonstration de la façon dont la technologie et l'innovation peuvent résoudre des dilemmes simples du marché. » Aux États-Unis comme en Europe, la presse voit d'ailleurs d'un œil plutôt favorable l'avènement de cette nouvelle licorne – dans ses premières années d'exercice.

Lancée à pleine vitesse, la start-up devenue multinationale a poursuivi son développement à un rythme fou : en moins de dix ans, elle s'est implantée dans 69 pays. Elle compte aujourd'hui près de 5 millions de chauffeurs actifs dans le monde, et 78 millions de consommateurs actifs au troisième trimestre 2020.

Mais cette ascension fulgurante pose de nombreuses questions, car la structure financière de l'entreprise est plus que précaire. Lorsque, plus d'une décennie après sa création, elle devient la première entreprise de sa génération à entrer en Bourse, en mai 2019, elle est valorisée à 82 milliards de dollars. Soit l'une des plus grosses valorisations de l'Histoire, ce qui la place tout près de Facebook. L'opération lui permet de lever 8,1 milliards de dollars d'argent frais. Une somme dont elle a bien besoin : Uber ne parvient toujours pas à équilibrer ses finances. Au deuxième trimestre de la même année, la multinationale, qui emploie plus de 6000 personnes, accuse une perte de plus de 5,24 milliards de dollars. Une instabilité chronique inhérente au modèle de l'ubérisation, mais qui interroge d'autant plus : et si tout ça n'était que du vent[1] ?

Pour Uber, ces campagnes de recrutement ainsi que la stratégie pensée et diffusée tout autour du globe sont pourtant un franc succès. Les fondateurs en sont convaincus, ils ont trouvé un modèle de développement rapide qui permet de donner du travail à une partie importante de la population. Pour les gouvernements souvent heureux d'accueillir l'entreprise – dans un premier temps du moins –, c'est alors une formidable aubaine. Grâce à cet afflux d'indépendants vers les plateformes, ce sont autant de demandeurs qui disparaissent des radars des agences pour l'emploi, et les chiffres du chômage baissent mécaniquement.

L'histoire de cette start-up devenue une licorne cotée en Bourse en un peu moins de dix ans fait rêver de nombreux patrons. Son modèle, salué avec des trémolos dans la voix lors de conférences et salons partout sur la planète, est devenu si populaire que le mot « ubérisation » a fait son entrée dans le *Larousse*, qui le définit ainsi : « Remise en cause du modèle économique d'une

1. Lire à ce sujet le chapitre 16.

entreprise ou d'un secteur d'activité par l'arrivée d'un nouvel acteur proposant les mêmes services à des prix moindres, effectués par des indépendants plutôt que des salariés, le plus souvent via des plateformes de réservation sur Internet».

On l'a peu dit, mais l'avènement d'Uber à marche rapide marque le début d'un changement de société dans de nombreux pays. En parlera-t-on bientôt dans les livres d'histoire ? Il y a fort à parier, car c'est avant tout le passage d'un système basé sur le salariat et la collectivité de travail à un autre, où l'indépendance et l'individualisme prennent le dessus. Selon certains historiens, comme François Caron[1], nous serions peut-être en train de vivre une «troisième révolution industrielle», portée par le développement d'Internet.

La première, entre le milieu du XVIIIe et le début du XIXe siècle, avait fait basculer les pays développés dans une société commerciale et industrielle avec l'avènement de la machine à vapeur. La deuxième, entre le XIXe et le début du XXe siècle, avait considérablement transformé l'organisation du travail et marqué les prémices de la mondialisation. On considérera probablement, a posteriori, que le début du XXIe siècle a vu naître l'ubérisation, dessinant un monde où la consommation, l'indépendance et l'immédiateté sont érigées en piliers de notre développement et de notre épanouissement supposés.

Poisson-pilote de ce monde décloisonné, le mythe Uber ne pourra pourtant masquer longtemps ses conséquences parfois désastreuses sur l'emploi et les conditions de vie réelles de ses «collaborateurs»...

---

1. François Caron, *Troisième révolution industrielle et nouvelle économie*, Gallimard, 2000.

2

L'envers du décor

L'ubérisation fait son lit dans la précarité

Les jungles ont ceci de commun : la loi du plus fort y règne sans partage. L'univers des start-up du nouveau monde n'y fait pas exception. Celui des plateformes encore moins, tant leur modèle économique est acrobatique.

Même si chaque nouvel entrant arrive sur le marché avec sa légende faite de garage, de système D et d'idées fulgurantes nées au coin de la rue, de fondateurs unis pour la vie et de salariés épanouis et comblés de venir travailler en bermuda, la réalité est bien moins reluisante.

Aujourd'hui, le constat se précise : le monde de l'ubérisation est une sorte de mirage. Chacun pense en sortir gagnant.

Les consommateurs, en majorité jeunes et urbains issus de la classe moyenne, qui ne réalisent pas toujours à quel point le système a développé en eux des besoins qui n'en sont pas forcément. Ni l'argent que cela leur coûte. Parfois pour satisfaire une pulsion.

Et surtout les travailleurs, ces petites mains du modèle, qu'ils soient chauffeurs ou livreurs notamment.

Peut-on considérer que ces entreprises ont sciemment exploité les plus précaires dans le but de se développer plus facilement ? Il est difficile de le prouver. En revanche, on peut faire ce constat après presque dix ans d'expérience : sous la pression d'un modèle instable, ces boîtes précarisent les travailleurs, de plus en plus pressurisés, de plus en plus jeunes. Car au final, à de très rares exceptions près, ces forçats qui se lancent dans l'aventure ne verront pas toujours leur situation s'améliorer. Loin s'en faut…

*

* *

Dans le sillage d'Uber, des centaines de firmes – dont certaines sont à leur tour devenues des multinationales – sont nées partout sur la planète.

Leur éclosion a été fulgurante à l'échelle d'une vie. Il a suffi de moins de quatre années pour que l'on passe du monopole américain d'Uber à une situation de concurrence acharnée dans des dizaines de pays. Où toutes les nouvelles start-up ont repris le même modèle pensé autour d'une seule application. Avec à chaque fois les mêmes procédés : à leur lancement, pour attirer le plus de candidats possibles, elles offrent des rémunérations horaires jamais vues. Avant, peu à peu, de les réduire. Le piège se referme ainsi, lentement mais sûrement, sur les plus précaires, condamnés à trimer pour vivre.

L'une des plus emblématiques de ces start-up, Deliveroo, fut créée en 2013 à Londres par Will Shu, un ancien analyste financier américain de la banque Morgan Stanley. Dès ses débuts, l'entrepreneur de 40 ans a lui aussi élaboré un de ces storytellings prêts à l'emploi dont raffolent les jeunes diplômés des écoles de commerce : en déménageant près de la Tamise, il s'est aperçu qu'il y avait beaucoup de restaurants, mais que seuls quelques-uns d'entre eux livraient à domicile. Une vraie fausse révélation, donc, similaire à celle de ses homologues d'Uber.

En réalité, dans le nouveau monde, nul besoin d'avoir une idée brillante pour réussir : il suffit de monétiser et d'organiser ce qui ne l'était pas en utilisant la technologie comme levier. Un concurrent existait déjà à l'époque, Just Eat, mais Shu estimait que son « service client » était déficient. En créant Deliveroo, il n'a fait qu'améliorer ce point-là. Il s'est aussi associé à un autre entrepreneur, plus compétent en stratégie informatique, Greg Orlowski.

Dans une interview au journal anglais iNews, Will Shu a d'ailleurs admis en toute franchise que « l'idée [de Deliveroo] n'est pas compliquée, n'importe qui aurait pu l'avoir ».

La légende, si importante dans le petit monde des start-up qui réussissent, dit aussi que Shu fut le premier livreur de sa société, et que ses amis n'hésitaient pas à commander de nombreux plats, juste pour voir cet ancien banquier enfourcher son vélo avec son sac à dos isotherme. Selon *Forbes*, cette expérience l'aurait même conduit à livrer son ancien patron chez Morgan Stanley, qui se serait alors demandé si Shu avait perdu son nouveau boulot.

Pour Deliveroo, le succès est immédiat. Cinq ans après sa création, l'entreprise s'est implantée dans 12 pays et dans 84 villes différentes. Elle devient rapidement une de ces start-up innovantes à la cool où il fait bon travailler lorsque l'on sort de l'une des meilleures écoles de commerce. Comme Uber, la plateforme de Will Shu a imaginé et vendu une solution pour simplifier la vie de ses clients.

On retrouve l'usage de la géolocalisation pour répertorier les restaurants du quartier et un système de notation pour proposer les meilleurs d'entre eux. Mais, surtout, la firme s'appuie encore et toujours sur des livreurs indépendants, auto-entrepreneurs en France, plutôt que sur des salariés. Un modèle dupliqué avec réussite, puisque Deliveroo est devenue en quelques années une des principales références en la matière, que ce soit dans l'Hexagone ou en Angleterre, deux marchés très disputés.

Partout, ce modèle à la « Uber-Deliveroo » a fait office d'exemple à suivre pour des centaines d'autres entreprises. À tel point que l'on peut considérer aujourd'hui que l'ubérisation repose sur deux socles bien distincts : la livraison et les VTC. On peut notamment citer Heetch, Chauffeur Privé (devenu Kapten) ou Stuart en France, Lyft aux États-Unis, Take Away aux Pays-Bas, Glovo en Espagne, Meituan en Chine, iFood au Brésil ou encore Go Jek en Indonésie.

Éclaireur de ce nouveau monde, Uber a contribué à percer une première brèche dans le code du travail. Très vite, le développement d'autres sociétés pensées sur le même modèle a durablement installé l'ubérisation dans notre économie mondialisée. Les chiffres parlent d'eux-mêmes : dans plus de 20 pays disposant d'infrastructures assez mûres, au moins 3 plateformes de livraison ou de VTC sont venues s'implanter ces dernières années et sont en concurrence.

Rien qu'en France, on recense aujourd'hui quelque 30 000 chauffeurs VTC, dont 20 000 environ chez Uber. Deliveroo revendique à elle seule 11 000 livreurs dans l'Hexagone et, selon l'Insee, l'année 2016 a marqué un tournant : le nombre de micro-entreprises de livraison créées a été quatre fois plus important que les années précédentes. En 2018, 78 200 micro-entrepreneurs exerçaient dans le domaine du transport, un chiffre en augmentation de… 80 % sur un an.

En tout, en 2020, on considère que plus de 200 000 personnes vivent quotidiennement en France de leur activité au sein d'une de ces plateformes[1]. Chaque année, leur nombre ne fait qu'augmenter, et ces chiffres devraient exploser encore avec la crise liée au Covid-19. Même si celle-ci questionne aussi ce modèle basé sur l'indépendance : Just Eat, concurrent de Deliveroo et Uber Eats dans la livraison à domicile, a surpris tout le monde en annonçant fin janvier 2021 embaucher 4 500 livreurs en CDI dans 30 villes françaises, preuve que le salariat est aussi devenu un argument marketing. S'il faudra attendre de longs mois d'exercice pour constater les bienfaits éventuels de cette décision, il y a peu de chances qu'elle pousse Uber et les autres à se remettre en question.

Car la révolution est mondiale. En Chine, par exemple, la plateforme de livraison Meituan compte près d'un million de livreurs ; au Brésil, la société endémique iFood en totalise près de 150 000.

Chez leurs clients, ces firmes ont suscité un fort engouement, allant pour certains jusqu'à une forme de dépendance… Une entreprise comme Uber totalise pas

1. Rapports de l'Insee et de l'Acoss, notamment du 16 juillet 2019, ainsi que chiffres communiqués par Deliveroo.

moins de 15 millions de commandes par jour à travers le monde. La brésilienne iFood en annonce 39 millions. Quant à Deliveroo, un an pile après son lancement hexagonal, elle passait déjà le cap du million de commandes quotidiennes (selon ses propres chiffres) et a poursuivi sa croissance sur un rythme effréné.

*
* *

Comment expliquer que ces start-up, encore inexistantes il y a dix ans, aient pu croître si rapidement ? Pour le comprendre, il faut d'abord observer ce qu'il se passe en France. Ici, leurs stratégies de développement, qu'il s'agisse de VTC ou de livraison de repas, ont été peu ou prou similaires.

Au commencement, elles ont toutes affiché des tarifs et des rémunérations volontairement très attractives, tant pour le client que pour le futur travailleur. Avec le but évident de recruter le plus de monde possible d'un côté comme de l'autre.

Chez les chauffeurs, on l'a dit, beaucoup de jeunes ont postulé, séduits par cette idée de conduire une berline et d'être leur propre patron. Chez les livreurs, la tâche requiert moins de matériel, ce sont donc dans un premier temps les étudiants et les passionnés de vélo qui ont adopté l'application pour travailler. Ces deux populations ont – dans un premier temps – donné à ces entreprises une image urbaine et moderne, en phase avec les attentes de nombreux jeunes d'aujourd'hui.

Mais, rapidement, ces sociétés ont dû franchir deux seuils nécessaires à leur survie.

Le premier est celui de l'accoutumance des clients. Comme toute offre de service, il a fallu rendre son usage indispensable aux consommateurs, ancrer des réflexes et stimuler des commandes compulsives. Plus les utilisateurs sont fidèles et accros, plus les sociétés peuvent progressivement augmenter leurs prix sans perdre de clients et ainsi faire croître leurs gains nets.

Le second, plus complexe, est celui de la densité de main-d'œuvre. Il a été mis en lumière notamment dans une enquête sur la livraison menée par les sociologues Anne Aguilera, Laetitia Dablanc et Alain Rollet, « L'envers et l'endroit des plateformes de livraison instantanée[1] ». Pour qu'un tel dispositif fonctionne sur la durée, il doit compter suffisamment d'hommes et de femmes disponibles à tout moment du jour et de la nuit pour travailler. L'idée étant de justifier le prix par le service rapide, efficace et pléthorique, il faudrait, dans l'idéal, que les zones urbaines comptent assez de travailleurs et de clients au kilomètre carré pour que l'activité puisse tourner en permanence de façon autonome. Car il y a une règle immuable dans le domaine très concurrentiel des plateformes numériques : si le client attend trop longtemps ou ne trouve pas exactement ce qu'il est venu chercher, il ne commandera probablement pas une nouvelle fois.

*

* *

Une fois ces deux seuils atteints, les entreprises du nouveau monde entrent dans la seconde phase de leur développement, la plus critique, celle de la course à la rentabilité. Là, elles multiplient les levées de fonds spectaculaires qui leur assurent les investissements

1. « Les activités menées sur les plateformes numériques », *Réseaux*, n° 212, juin 2018.

nécessaires au maintien de l'activité et surtout à sa croissance.

En 2014, par exemple, la toute jeune Uber est parvenue à lever la somme record de 1,2 milliard de dollars. On trouve dans la liste des investisseurs des noms connus comme les fonds de placement Summit Partners, BlackRock ou encore Google Ventures. Ce qui a sans doute favorisé son entrée en Bourse record de 2019 : cette année-là, Amazon fut l'un des principaux investisseurs d'une levée de fonds de 575 millions de dollars effectuée par la londonienne Deliveroo.

Mais il y a un énorme hic : plus une plateforme lève des fonds importants, plus le scénario d'une chute brutale se rapproche. En effet, cette économie du « nouveau monde » en apparence si faste cache un grand paradoxe.

Malgré le succès affiché, quasiment aucune des licornes répertoriées dans le monde ne gagne d'argent pour le moment. Autrement dit, il n'existe à ce jour aucun exemple d'une plateforme de la nouvelle économie qui affiche une rentabilité durable. Toutes sont en réalité prises dans un véritable cercle vicieux : pour survivre, elles n'ont d'autre choix que de réaliser de grandes collectes de fonds, qu'elles doivent constamment justifier en développant de nouvelles activités (les investisseurs ne sortent le chéquier que si on leur donne des perspectives de croissance à deux chiffres). Innovations pour lesquelles elles ont besoin d'énormément de liquidités et ce à flots continus. Une levée de fonds en appelle donc une autre, et ainsi de suite…

En 2017, Hamish Douglass, cofondateur du fonds d'investissement Magellan Financial Group, avait qualifié ce fonctionnement de « système de Ponzi », dans lequel on emprunte à de nouveaux créanciers pour rembourser les dettes contractées auprès des investisseurs précédents[1]. Cette pyramide, rendue célèbre notamment par Bernard Madoff, s'effondre quand un nombre important d'investisseurs exigent de récupérer l'argent investi.

Le cimetière des plateformes prometteuses ayant explosé en plein vol est d'ailleurs rempli d'innombrables carcasses. En France, on se souvient notamment du cas de Take Eat Easy, qui fit brutalement faillite en 2016, alors que la plateforme comptait plus de 300000 clients dans 20 villes françaises. Il en fut de même pour Tok Tok Tok, également en 2016. « Après plusieurs années à livrer toutes les envies des Français, notre plateforme technologique a été rachetée par un des leaders du secteur, signant la fin de notre merveilleuse aventure Tok Tok Tok... », annonçaient soudainement ses fondateurs à leurs clients, après avoir dû vendre leur technologie à Just Eat par manque de liquidités.

Pour celles qui parviennent à survivre dans cette jungle sans pitié, l'avenir n'est pas rose pour autant. Après s'être développées comme des multinationales, les sociétés qui ne sont pas parvenues à atteindre les seuils de densité et d'accoutumance n'ont d'autre solution que de se retirer de certains marchés, parfois après quelques mois d'exercice seulement. Elles gardent en poche les gains amassés (s'il y en a), abandonnent les travailleurs du jour au lendemain et laissent la place à d'autres entreprises mieux établies.

En 2019 par exemple, Deliveroo, pourtant si solide en France, a annoncé cesser ses activités en Allemagne, où la concurrence était trop féroce. Les livreurs ont

1. Déclaration d'Hamish Douglass lors de la conférence annuelle Stockbrokers and Financial Advisers, à Sydney, en 2017.

appris la nouvelle en même temps que les clients, par un simple mail. Vu de l'extérieur, une telle décision avait de quoi surprendre au regard de son développement exponentiel, mais elle était en réalité nécessaire à la survie même de l'entreprise : la firme cumulait plus de 200 millions d'euros de pertes à l'étranger en 2017, pour seulement 1,5 million d'euros de bénéfices en France, un des pays où elle tournait le mieux.

Les entreprises qui restent en concurrence doivent, elles, mener l'équivalent d'une « politique d'austérité ». Pour survivre à court terme, elles prennent l'argent là où il se trouve. Au choix, en dégageant de nouvelles recettes ou en faisant des économies de fonctionnement. Elles peuvent décider d'augmenter le prix de leurs services, mais c'est un jeu dangereux, qui peut faire fuir les clients pas encore tout à fait accros. Résultat, ce sont la plupart du temps les rémunérations des travailleurs qui font office de variable d'ajustement et baissent peu à peu, mais inexorablement, au fil des mois…

En 2017, Deliveroo est par exemple passée d'une rémunération de 7,50 € de l'heure (+ 2 à 4 € de prime par livraison) à une tarification à la course de 5 € minimum, soit une baisse de 33 %. Puis, à l'été 2019, la firme a tout simplement supprimé les tarifications minimales, amplifiant la grogne des livreurs.

Parfois, ce ne sont pas les rémunérations des livraisons ou des courses qui baissent, mais les distances qui augmentent, pour un prix quasiment égal. L'idée est de couvrir un rayon plus large, dans le souci d'atteindre au plus vite ce fameux seuil de densité. Ainsi, les livreurs doivent parcourir toujours plus de kilomètres pour toujours moins d'argent. Jusqu'à atteindre un niveau de revenus à peine suffisant pour leur survie.

Pour justifier de tels agissements, les plateformes

assurent généralement que ces nouveaux modes de calcul seront en fait profitables à tout le monde. Elles se retranchent derrière le sacro-saint algorithme qui, selon elles, évolue dans le sens du progrès. Mais chauffeurs et livreurs constatent après quelques mois qu'il n'en est évidemment rien, et que la manœuvre était principalement destinée à augmenter la marge de profit de la firme qui les « emploie ».

Dans d'autres cas, pour augmenter leur chiffre d'affaires, les plateformes prennent prétexte de l'introduction d'innovations, censées compenser la baisse des rémunérations par une augmentation de la demande – et donc de l'activité des travailleurs. Depuis 2012, par exemple, Uber prend historiquement 25 % de commission par course VTC. Mais en 2014, quand la société a lancé son nouveau service de prise en charge de plusieurs clients en même temps, nommé UberPool, la commission est passée à 35 % sur ce service. « Une vraie injustice ! » ont alors protesté les représentants des chauffeurs. Ils n'ont pourtant, réglementairement, d'autre choix que d'accepter les conditions fixées puis modifiées par Uber : puisqu'ils sont indépendants, ils n'ont aucun droit de regard sur le prix des courses ou les modalités de rémunération.

*

* *

Le principal effet de cette course à la rentabilité est destructeur pour les économies de nos pays – et donc pour nos sociétés : l'ubérisation a considérablement paupérisé ces différents métiers qui, de fait, sont devenus des réservoirs de pauvreté.

Au début des années 2010, quand les fondateurs d'Uber ont vanté leur plateforme à leurs investisseurs potentiels ou aux dirigeants des pays où ils souhaitaient s'installer, ils l'ont fait à longueur de PowerPoint bien ficelés. L'idée d'un eldorado pour les travailleurs tenait encore debout. Dans nombre de ces pays, le code du travail était jugé trop peu flexible et l'ascenseur social en panne. Ces nouvelles formes d'activité ont donc suscité un vif espoir, jusqu'à être présentées dans certains quartiers comme les seules alternatives à l'illégalité, et notamment au trafic de drogue. Mais à partir de 2015, tant chez les VTC que dans le secteur de la livraison, la baisse des rémunérations a tout chamboulé. La sociologie des travailleurs de plateformes a considérablement évolué.

Sur le terrain, les acteurs du secteur font cet amer constat : les ambitieux de la première heure ont désinstallé les applis, souvent par dépit, pour laisser place à de plus précaires qui n'ont d'autre choix que d'accepter sans discuter les faibles rémunérations. Pour eux, c'est une question de survie.

Le cofondateur du Clap (Collectif des livreurs autonomes parisiens, une sorte d'embryon de syndicat), Jean-Daniel Zamor, a côtoyé des centaines de livreurs ces dernières années, et il confirme : s'ils étaient, au départ, étudiants ou passionnés de vélo, ils sont désormais principalement « des jeunes de banlieue ou des migrants tout juste arrivés en France ». Pour leur étude, Anne Aguilera, Laetitia Dablanc et Alain Rollet ont mené dans l'est de Paris des enquêtes auprès de ces livreurs à deux années d'intervalle (2016 et 2018) : « Les données recueillies mettent au jour [...] une évolution sociologique des livreurs du fait de l'arrivée sur ce marché du travail de jeunes peu qualifiés qui remplacent, progressivement, ceux qui exercent cette activité pour compléter leur salaire (ou des rémunérations issues d'autres emplois non salariés) ou financer leurs études.» Le troisième volet de leur enquête, qui porte sur l'année 2020, confirme ce constat et insiste sur la forte tendance des derniers mois à l'«émergence d'une catégorie majoritaire : les sans-papiers».

Dans les rues des moyennes et grandes villes françaises, les intéressés eux-mêmes sont lucides. Sur les raisons qui l'ont poussé à devenir livreur à vélo, Abdelkader Ibrahim Traoré, un sans-papiers venu de Côte d'Ivoire, estime par exemple : «On fait ce boulot car les Français ne veulent plus le faire. Pour gagner 1 500 € par mois, il faut travailler près de douze heures et sept jours par semaine. Quand je rentre, je suis fatigué et je ne peux plus rien faire. Je me demande : c'est quoi, cette vie ?»

Du côté des chauffeurs VTC, on a pu noter la même évolution sociologique entre 2012 et 2018. Durant cette période, la baisse des rémunérations a été forte et, en l'absence de réglementation, des entreprises de sous-traitance sont nées. Elles proposaient aux chauffeurs la location de voitures avec assurance en échange d'une grosse commission (qui venait s'ajouter à celle d'Uber). Les patrons de ces sociétés, souvent eux-mêmes d'anciens chauffeurs, faisaient leur marché principalement dans les banlieues des grandes villes.

Ce n'est qu'à partir de janvier 2018 que la loi Grandguillaume[1] est venue encadrer la profession. Elle a imposé notamment l'obtention d'un examen et d'une carte professionnelle. «Depuis, on constate que les

1. Loi n° 2016-1920 relative à la régulation, à la responsabilisation et à la simplification dans le secteur du transport public particulier de personnes. Adoptée fin 2016, elle sera appliquée au 1er janvier 2018.

profils ont évolué. Nos chauffeurs ont en moyenne 39 ans et un bac + 2 », assure un porte-parole d'Uber. Pour autant, cela n'a pas tant changé le système : les rémunérations continuent de baisser au détriment des conditions de travail des chauffeurs, parfois plus qualifiés, mais toujours obligés de rouler plus pour simplement survivre[1].

Dans une récente étude[2], la sociologue Sophie Bernard note que les chauffeurs « haut de gamme » des premières années, ceux qui disposent par ailleurs d'une clientèle privée, tendent à être marginalisés « au profit de l'expansion des chauffeurs "des applis" ». Ces derniers sont plus dépendants du système Uber et bien plus précaires que leurs aînés. « Tous les enquêtés sont issus des catégories populaires immigrées (essentiellement de l'Afrique du Nord et subsaharienne), avec très souvent une faible maîtrise de la langue française. Ils ont connu le chômage et occupé des emplois précaires, certains non déclarés, et pénibles dans le bâtiment, la logistique, la livraison. Ils n'ont aucune épargne, ce qui les contraint à louer un véhicule entre 1 200 et 2 000 € par mois (en fonction du kilométrage) », détaille-t-elle.

La chercheuse de l'université Paris-Dauphine analyse ce glissement comme étant l'une des conséquences du « management de l'algorithme » : « La pression économique est telle qu'elle incite les chauffeurs à accroître leur durée de travail et à organiser leur temps de travail en fonction des majorations. Pour s'assurer de disposer d'un nombre suffisant de chauffeurs pour satisfaire la

1. Selon Uber, le salaire mensuel médian d'un chauffeur est de 1 617 € net pour 45,3 heures de travail par semaine.

2. « De l'indépendance des chauffeurs "haut de gamme" à la dépendance des chauffeurs "des applis" », Centre d'études de l'emploi et du travail, juillet 2020.

demande, les plateformes ont en effet déployé un système de majoration des tarifs en temps réel, laquelle est définie en fonction de l'offre et de la demande sur certaines zones à un instant T. Ces majorations interviennent le plus souvent le matin très tôt, en fin de journée, la nuit et les week-ends. Alors que les chauffeurs insistent fréquemment sur la possibilité d'organiser leur temps de travail de manière autonome, ces périodes se révèlent pourtant peu compatibles avec une vie familiale... »

*

* *

L'exemple le plus frappant de cette « paupérisation fulgurante » des travailleurs de plateformes sous contrainte de l'algorithme s'observe finalement chez les fournisseurs de trottinettes en libre-service. Entre 2018 et 2019, une dizaine de start-up sont nées et ont débarqué dans les rues parisiennes. Elles ont envahi les trottoirs avec des alignements d'engins siglés de leurs noms anglais : Lime, Dott, Bird, Bolt... À tel point qu'on n'a rapidement plus vraiment su qu'en faire. Ces firmes ont poussé comme des champignons. Au-delà du raisonnable, elles furent nombreuses à parvenir à lever des fonds pour accélérer leur développement, suivant le modèle de leurs grandes sœurs Uber ou Deliveroo.

Pour recharger les véhicules, le plus souvent la nuit, elles ont attiré les travailleurs – appelés *juicers*[1] – en proposant des rémunérations très élevées, de l'ordre de 10 € par trottinette. Là encore via le statut d'auto-entrepreneur. En une soirée, certains en amassaient plus de 100, ce qui constituait un sacré butin.

1. En anglais, *juice* (le jus) est synonyme d'électricité.

Ces nouvelles entreprises ont alors vu débarquer de nombreux indépendants, parfois des étudiants ou des salariés qui se contentaient d'en recharger quelques-unes à leur domicile ou dans leur garage en guise de complément de revenus. On a même vu de jeunes travailleurs en recharger plusieurs dizaines dans leur propre salon et cuisine pour se faire un peu d'argent de poche. Au bout de quelques mois, les rémunérations ont soudainement été divisées par deux, sans aucune explication. Résultat, comme pour les livreurs ou les chauffeurs VTC, les juicers ont dû collecter toujours plus de trottinettes au cours de la nuit pour rentabiliser leurs investissements : l'achat d'un fourgon et la location d'un local pour brancher les chargeurs.

Dans ces conditions, ne restaient que ceux qui n'avaient pas d'autre choix que de passer la nuit dehors pour une poignée d'euros.

Après une année de concurrence intense, beaucoup de ces plateformes ont disparu des grandes villes. Du jour au lendemain, et souvent sans prévenir personne. À Lyon, par exemple, au sortir de l'été 2019, Bolt, basée en Allemagne, s'est tout simplement évaporée sans même prévenir ses juicers. Victimes collatérales de ce système, ils se sont présentés plusieurs jours d'affilée devant un entrepôt déserté. Pour les fondateurs de ces start-up, les travailleurs en bout de chaîne ne font pas le poids face aux soldes négatifs que révèlent soudain les tableaux Excel. Le paysage prolifique des trottinettes en libre-service s'est rapidement transformé en un désert urbain où les denrées se font de plus en plus rares et où les nouveaux travailleurs sont condamnés à gagner finalement trois fois rien…

Lorsqu'on observe aujourd'hui les entreprises de la nouvelle économie dans leur globalité, on constate un clivage extrêmement fort. Interrogée pour *Libération*, la sociologue Sarah Abdelnour m'avait résumé les choses en un état des lieux inquiétant : « Dans ces entreprises, il y a les deux bouts de la chaîne sociale. On trouve les gagnants et les perdants de l'économie numérique et l'on y voit encore plus clairement les ségrégations. » Puisque les rémunérations baissent de façon quasi inexorable et que les conditions de travail se dégradent, ce constat est chaque jour plus cruel.

D'un côté, un simple tour du propriétaire sur LinkedIn, le réseau social professionnel, est édifiant : ces start-up servent de faire-valoir pour de jeunes entrepreneurs tout juste sortis d'écoles de commerce, à l'instar de Garrett Camp, Travis Kalanick et Oscar Salazar, les fondateurs d'Uber, ou de Will Shu, celui de Deliveroo. À chaque nouveau pays dans lequel leurs entreprises s'installent, ils embauchent des personnes qui leur ressemblent, souvent issues de catégories socioprofessionnelles aisées. Les écoles citées dans leur CV coûtent plusieurs dizaines de milliers d'euros en frais de scolarité. Un porte-parole de Deliveroo, que j'avais interrogé également pour *Libération*, en était d'ailleurs convenu : « C'est vrai qu'il y a des similitudes dans nos profils, même si on a des parcours différents. » Avant de se justifier : « J'ai l'impression que ce n'est pas spécifique à notre entreprise mais que c'est le cas de toutes les boîtes... »

À l'autre extrémité du système, il n'y a qu'à s'arrêter à la terrasse d'un café dans une grande ville pour constater que la plupart des travailleurs de plateformes sont désormais des jeunes issus de l'immigration, de première ou de seconde génération. Au clivage social vient bien souvent s'en superposer un autre, racial cette fois. Dans ces entreprises, les différences entre le storytelling des jeunes cadres à succès d'Uber ou de Deliveroo et la réalité des travailleurs sur le terrain, même maquillées par les campagnes de communication, se percutent violemment. À leur création, toutes ces firmes vendaient pourtant aux intéressés une sorte de remake du rêve américain : la liberté de devenir un « patron », comme eux.

Pour relativiser cet argument, il y a un élément dont témoignent désormais tous les travailleurs de plate-formes : cette « liberté d'entreprendre » s'arrête quand les factures impayées s'accumulent sur le buffet.

3

Le jour où j'ai retrouvé Mohammed, mon premier chauffeur Uber

Mohammed K. est probablement le meilleur exemple de ce lent mais inexorable déclin des conditions de vie des travailleurs de l'ubérisation.

Je l'ai rencontré par hasard : le 14 mars 2015, il fut le premier chauffeur Uber à me prendre en charge lorsque j'ai installé l'application sur mon téléphone. Notre course a eu lieu à 3 h 18 du matin et, à en croire le jour de la semaine (un samedi) et l'adresse (celle de mon meilleur ami), il y a de fortes probabilités pour que j'aie été ivre. À vrai dire, cinq ans plus tard, je conserve seulement le bref souvenir d'avoir béni la bouteille d'eau proposée par le chauffeur ainsi que le filet d'air qui passait par la fenêtre. Selon les relevés de cette course, auxquels j'ai encore accès aujourd'hui, la distance parcourue était de 2,91 km, le trajet a duré huit minutes. Ce soir-là, arrivé chez moi, j'ai attribué à Mohammed K. la note la plus haute : cinq étoiles.

Cinq ans plus tard, pour les besoins de cette enquête, j'ai donc entrepris de le retrouver, afin de savoir ce qu'il est devenu. Au moment de lancer mes recherches, j'ai aussi bien en tête qu'il a peut-être quitté le milieu depuis de nombreuses années déjà. Après quelques jours, un visage m'est finalement apparu. Première nouvelle, Mohammed K., 34 ans aujourd'hui, travaille toujours pour Uber. Je l'ignorais également avant de le rencontrer, mais le 14 mars 2015 était l'un de ses premiers jours de travail sur la plateforme.

Il se décrit lui-même comme un enfant de la classe moyenne, qui a grandi autour de Paris et sa proche banlieue, dans « plusieurs cultures », dont celle du berceau familial. Ce père de famille se dit d'emblée « ouvert à l'idée de l'entrepreneuriat ». Il est de ceux pour qui l'argument « devenir son propre patron » a fait mouche immédiatement.

Mohammed a le physique de ceux à qui l'on a envie de faire confiance dès la première discussion : il est souriant, avenant et élégant. Un point que révèle d'ailleurs, avant même de le connaître, son profil sur la plateforme. De ses passagers, il a reçu les compliments de « Génial » à 276 reprises, « Hypersociable » à 81 reprises, « Très sympathique » à 74 reprises ou encore « Aux petits soins » à 35 reprises. Toutes ces qualités, qui font la fierté d'Uber, s'affichent sous forme de petits médaillons sous sa photo de profil.

Sa décision de devenir chauffeur de VTC il y a six ans fut un choix « mûrement réfléchi », me dit-il aujourd'hui. À l'époque, il vient de quitter un boulot dans le commerce des panneaux solaires. Uber promet alors des revenus importants pour quiconque se lancerait dans l'aventure. Il m'explique : « Un ami à moi était déjà chauffeur bien avant, je l'ai suivi. Lorsque je me lance, je mets tous mes œufs dans le même panier parce que c'était quelque chose dans lequel je me voyais m'investir. J'avais envie d'être indépendant[1]... »

1. Entretien avec l'auteur, le 30 mars 2020.

Avant d'y aller, il lui faut acheter un véhicule. Impossible de conduire avec une voiture trop ancienne, la firme imposait à l'époque à ses chauffeurs un choix de 10 à 12 véhicules à acquérir (ainsi que les options requises). Mohammed K., tout fier, opte pour la Volvo S60, une berline diesel au design plutôt luxueux. Il contracte facilement un prêt de 20 000 € pour se l'offrir, investit ses maigres économies et se lance à la conquête des rues parisiennes à bord de son véhicule flambant neuf.

La première année, il travaille beaucoup : autour de cinquante à soixante heures par semaine. Les sommes promises par l'entreprise viennent effectivement garnir son compte en banque en fin de mois, environ 6 000 € bruts mensuels. Mohammed se verse finalement 2 500-3 000 € de salaire – une fois les frais et ses mensualités d'emprunt payés. « Je ne suis pas un énorme travailleur, trente-cinq heures ça me va bien, mais là, j'étais hypermotivé. Je faisais mes heures, je ne voyais plus mes proches, mais ça m'allait très bien comme ça », se souvient-il. Parfois, la nuit est une chance, car travailler au petit matin garantit une demande plus forte (celle des gens éméchés à la sortie des boîtes) et des courses plus avantageuses. Elles sont aussi plus risquées : les chauffeurs s'exposent au pire à des vols à l'arraché, au mieux à des jets de vomi sur les sièges arrière. Qu'importe. À ce rythme, Mohammed se voit déjà rembourser son prêt en deux ans et, pourquoi pas, développer sa propre clientèle pour s'extraire un peu de l'emprise de la plateforme.

Mais, à la fin de l'année 2015, Uber impose à ses chauffeurs de nouvelles conditions tarifaires. Et, sans aucune concertation préalable, baisse le prix des courses de 20 % ! Une aubaine pour les clients, un coup sur la tête pour les chauffeurs.

La stratégie est assumée de la part de l'entreprise : elle doit faire face à la concurrence agressive de nouvelles sociétés venues ubériser davantage encore le marché. Heetch, par exemple, propose désormais à n'importe quel citoyen français disposant d'une voiture de devenir chauffeur, sans condition particulière requise. « En baissant les prix, nous nous adressons à des clientèles auxquelles le marché offre peu de solutions, qu'il s'agisse des jeunes, des trajets de nuit, des trajets vers la banlieue ou de banlieue à banlieue », explique alors le directeur général d'Uber France de l'époque, Thibaud Simphal. Pour rassurer ses chauffeurs, la firme assure aussi que la demande va augmenter dans le même temps et qu'ils ne sentiront pas la différence. Mais Mohammed constate tout de même que les affaires commencent à être moins bonnes pour lui.

En plus de cette baisse des prix, comme nous l'avons vu au chapitre précédent, la plateforme a aussi imposé à ses chauffeurs, fin 2014, le service UberPool, permettant aux clients de partager une même course et donc de payer moins cher.

Pour Mohammed et ses collègues, c'est « une double gifle ». Lui qui souhaitait s'installer au volant d'une berline pour être indépendant et pouvoir gagner plus d'argent se retrouve soumis aux diktats d'une entreprise dont il n'est même pas le salarié. Il ne peut ni gérer sa clientèle ni décider du prix de ses courses, alors qu'en parallèle ses frais ne cessent d'augmenter. « L'essence est devenue de plus en plus chère, il y avait aussi l'assurance... Donc j'ai dû raboter sur mon service, ça m'a fait mal. Avant, je proposais des magazines, des journaux, des bouteilles d'eau. J'ai arrêté tout ça... », regrette-t-il.

Puis Mohammed devient papa, en 2016 puis en 2018. Il y a désormais trois bouches à nourrir, bientôt quatre, et il est le seul salaire de la maison. Il doit payer le loyer tout en remboursant son crédit auto... C'est l'engrenage. « J'étais coincé », déplore aujourd'hui le chauffeur VTC qui n'a d'autre choix que de travailler plus pour gagner moins : « J'aurais claqué la porte si j'avais pu... Le chiffre d'affaires n'a cessé de baisser à partir de la fin de l'année 2016. »

Dans ce lent déclin, Mohammed dit avoir surtout perdu le moral et la motivation après des mois de surmenage. De soixante heures par semaine la première année, il passe à cinquante, puis à quarante, pour à peine 1 000 à 1 200 € de revenus nets, frais et charges déduits aujourd'hui, soit moins d'un Smic. Il m'affirme qu'il a bien pensé reprendre les études, pour devenir pourquoi pas éducateur sportif, mais c'est là que le système est pernicieux. Avec ces baisses de prix successives, le chauffeur accumule des dettes auprès des organismes de cotisation des auto-entrepreneurs : les siennes s'élèvent à plus de 17 000 € aujourd'hui.

Avant de tout plaquer pour faire autre chose, il doit donc rembourser cette somme et continuer à travailler. Il y a aussi le crédit de la voiture toutes options qu'on lui a imposé d'acheter et qui court encore, à raison de plus de 800 € par mois. Pour toutes ces raisons, il n'a pas eu d'autre choix que de continuer à sillonner les rues de Paris en quête de clients. À présent, il ne se verse même plus de salaire, et c'est celui de sa femme, devenue professeure de français dans un collège, qui permet désormais à la petite famille de vivre modestement.

Quand tout sera remboursé, il revendra la Volvo, « jettera les clés » et désinstallera l'application. « Bientôt », espère-t-il dans un sourire. « J'essaye d'en finir le plus vite possible, histoire de passer à autre chose. L'appât du gain n'existe plus chez Uber, je pourrais gagner ce que je gagne chaque mois en travaillant beaucoup moins. Ça fait plus de cinq ans que je suis chauffeur, et je suis passé de motivé à carrément dégoûté. »

Il y a chez Mohammed beaucoup d'amertume. Car, de son propre aveu, il se dit « toujours ouvert à 100 % à l'état d'esprit du self-made-man » prôné par la plateforme. « Mais ça se fait au détriment de ma santé notamment financière », ajoute-t-il. « Leur stratégie m'a révulsé. Au début, on était considérés, on était entendus. Beaucoup se sont endettés lourdement pour acheter des véhicules, y sont allés à fond et, au bout de cinq à six mois, sont revenus déçus. Mais c'est de bonne guerre, c'est une société qui n'a pas le temps de faire du sentiment pour un petit chauffeur. J'aurais été à leur place, j'aurais peut-être fait pareil. Aujourd'hui, ce sont eux qui pèsent... » Il estime pourtant, toujours aussi lucide, que l'entreprise porte une lourde responsabilité : « Elle porte sur ses épaules le poids de l'ubérisation. » Et prophétise : « Si ça se passe mal chez eux, d'autres plateformes prendront le même chemin. »

Si le discours de la firme a si bien fonctionné sur lui, c'est que, dans l'esprit de beaucoup de chauffeurs, Uber ressemblait – au début – à un ascenseur social totalement inespéré. Une sorte de mirage auquel Mohammed se reproche d'avoir cru : « J'aurais dû faire des études. J'ai eu un bac, et ensuite j'ai décroché. C'était pour faire de l'argent, avoir vite du travail. Uber, c'était vraiment l'occasion de me lancer dans la vie. Mais j'aurais dû poursuivre mes études », regrette-t-il.

Le parcours et la désillusion de Mohammed, cinq ans et demi après ma première course, mettent un peu plus en lumière l'envers du décor de ce « nouveau monde » que l'on nous a fait miroiter.

Pendant toutes ces années, lui et moi avons poursuivi nos chemins, lui en tant que chauffeur sur la plateforme, moi comme client. J'ai continué de commander des courses tard le soir en rentrant de soirée. J'en ai aussi pris quelques-unes par confort, quand j'avais la flemme de marcher ou de me coller à d'autres personnes dans le métro : au retour de vacances ou de reportage, parfois pour aller jouer à la Playstation chez un ami à l'autre bout de Paris. Mais avec les années, les courses se sont espacées. Peut-être ai-je fini par prendre conscience que je cautionnais ce système injuste ? Même si, terrible paradoxe, cesser de commander, c'est priver les chauffeurs de ce travail indispensable.

*

* *

Souvent, dans l'habitacle de leur véhicule, les chauffeurs s'attardent volontiers sur leurs conditions de travail. Certains disent y trouver encore leur bonheur, mais une majorité décrivent, comme Mohammed, ce cercle vicieux : les frais qui augmentent, les prix qui baissent et les fins de mois difficiles malgré des nuits passées au volant et une vie en morceaux.

La plupart des « déçus » d'Uber interrogés disent avoir eu à un moment un « déclic » : un jour où ils ont compris qu'il n'y aurait plus jamais d'amélioration de leur situation. Pour Babacar Sené, chauffeur depuis 2014, cela s'est passé en 2016, après la réception d'un mail anodin : Uber annonçait que la commission prélevée allait passer de 20 à 25 %. Parallèlement, la plateforme persistait bien sûr à vendre du rêve, pour éviter de voir ses chauffeurs baisser les bras, tentant de les convaincre que cette augmentation était une bonne affaire pour eux. Toujours polir le miroir aux alouettes : « Continuer à faire croître votre rentabilité, c'est d'abord investir pour vous mettre en relation avec toujours plus de clients, et pour continuer d'améliorer la qualité du service que nous vous proposons (centre d'accueil partenaire, renforcement des équipes de support, nouvelles fonctionnalités de l'application partenaire). Pour soutenir ces investissements, les frais de service Uber vont être harmonisés à 25 %, et ainsi être ajustés au niveau en vigueur globalement[1]. Nous estimons qu'au final, ces changements tarifaires vous permettront en moyenne d'augmenter votre rentabilité de 5 %, en prenant en compte l'augmentation des frais de service, même sans présager d'une augmentation du volume d'activité[2]. »

Le chauffeur, inscrit depuis 2014, ne décolère toujours pas de cette décision unilatérale. « Ça a été symbolique, parce que je me suis dit que les patrons d'Uber faisaient ce qu'ils voulaient. C'était donc aux chauffeurs de suivre[3]... » Il l'assure aussi, contrairement aux promesses, « le métier s'est complètement précarisé à la suite de cette annonce ». « Les chauffeurs n'ont plus les moyens de faire leur métier. Il y a un certain nombre de collègues qui roulent chaque jour à perte, et j'en fais

1. Les commissions des plateformes de VTC sont généralement comprises entre 20 et 30 %.

2. Extrait d'un mail écrit par Uber France et reçu par le chauffeur le 30 novembre 2016.

3. Entretien avec l'auteur, le 8 septembre 2020.

partie. Tout ce que je gagne, je le remets dans les frais de fonctionnement. Car il n'y a pas seulement les rémunérations qui ont baissé, les assurances ont aussi augmenté. Elles ont vite vu que chauffeur VTC était un métier accidentogène, donc elles ont monté les tarifs. Le carburant aussi a augmenté, on est très soumis aux aléas du prix à la pompe... »

Derrière le volant, d'autres conducteurs décrivent le quotidien qui dérape sans prévenir, certains soirs. Comme Kamel, inscrit depuis 2015. « Quand les prix ont commencé à baisser et qu'il y a eu cette histoire de hausse de commission, je me suis mis à rouler dans des créneaux plus stratégiques. Clairement, c'est la nuit que ça tourne le mieux. Entre 23 heures et 2 heures, ton téléphone n'arrête pas de sonner. Et entre 4 heures et 6 h 30 aussi. Mais tu sais alors, quand t'es derrière ton volant, que tu cours un risque. Si ce soir-là tu ramènes quelqu'un qui est trop bourré à 1 heure du matin et que la personne vomit sur tes sièges, ta soirée est fichue. T'as plus qu'à rentrer à la maison et nettoyer, en espérant que le lendemain ça ne sentira pas le vomi. Parfois, t'es à l'arrêt pour trois jours, et c'est des pertes sèches qu'il faut rattraper plus tard[1]... » Il ajoute : « À partir de 2017, les courses se sont allongées, on s'est mis à en avoir davantage en direction de la banlieue. Ça rajoute de l'insécurité. À Paris, y a du monde partout. Mais quand tu te retrouves dans des petites rues en banlieue, là, tu ne sais pas ce qu'il peut se passer. Il suffit que derrière toi ils soient malintentionnés... Une fois, ça m'est arrivé, j'ai senti que des gars allaient me la faire à l'envers. Je leur ai dit de sortir, j'ai eu de la chance, ils m'ont obéi. Mais ça aurait pu mal se passer. »

1. Entretien avec l'auteur du 8 septembre 2020.

Avec d'autres collègues, Kamel descend parfois dans le Sud, l'été, ou dans les Alpes, l'hiver – là où se trouvent les touristes. Une vie de saisonnier, loin de sa famille et loin surtout de l'image idyllique qu'on lui avait vendue. « On te dit que tu vas conduire une belle bagnole et rendre jaloux tes potes, et tu finis par manger des sandwichs triangles dans une station de ski », ironise-t-il. C'est désormais, selon lui, le seul moyen de s'en sortir « dignement » et de boucler les fins de mois.

*

* *

Dans ce métier essentiellement masculin, les rares femmes ont ressenti d'autant plus fort cette précarité croissante liée à la course au moindre gain. Rachida Boujifla a installé l'application en 2015. « Du jour au lendemain, mon voisin a débarqué avec une grosse voiture alors qu'il avait un tracteur, avant. Il m'a expliqué ce que c'était Uber, et comme je n'avais pas de travail, j'ai postulé... » explique la conductrice[1]. « Au départ, on m'a mise en relation avec des entreprises qui m'ont commandé des courses à 130 € et on m'a dit que je ferais 500 € par jour. En réalité, je n'ai gagné que 150 € en moyenne... », raconte-t-elle, amère.

Comme d'autres collègues, Rachida se dit aujourd'hui complètement prise dans l'engrenage : « Une fois que vous êtes là-dedans, c'est comme une drogue, on ne peut plus revenir en arrière car il faut tout rembourser. Mais si, à chaque fois, on se dit qu'on va y arriver. J'ai tout de même failli perdre mon logement, j'ai été menacée d'expulsion parce que je ne pouvais plus régler mon loyer. J'ai acheté une Mercedes en leasing, une des ber-

1. Entretien avec l'auteur, le 10 septembre 2020.

lines de la liste d'Uber, il a fallu la payer. Alors, je me suis mise dans les dettes. J'ai les huissiers qui me harcèlent de courriers, mais c'est comme ça... Je ne me plains pas, y en a qui dorment dans leur voiture, qui mangent des sandwichs grecs entre deux courses tous les soirs pour pouvoir payer leurs charges », poursuit la résidante de Rosny-sous-Bois.

Pour elle, les femmes ne peuvent pas survivre longtemps sur ces applications : « La vie de famille nous rattrape. Quand t'as des enfants en bas âge, c'est impossible de concilier ça avec ce boulot », assure-t-elle. Avant de courir derrière l'algorithme, elle était assistante médicale. Elle regrette aujourd'hui d'avoir lâché cette vie plus paisible pour céder aux sirènes d'Uber.

À l'écoute de ces récits, j'ai fini par admettre que le confort du consommateur se fait le plus souvent au détriment de ceux qui conduisent. Il y a eu un déclic particulier lorsque j'ai rencontré Brahim, en 2019, au cours d'un de mes reportages pour *Libération*. À l'époque, ce père de quatre enfants ne gagnait plus que quelques centaines d'euros par mois. Malgré son costard et sa berline de luxe, il témoignait de la misère dans laquelle il était plongé.

Voici ce que j'écrivais dans les colonnes du quotidien le 15 janvier 2019 :

« Sur la vitre de la Ford Mondeo quasi neuve, une affichette "18 990 € à débattre". "Si je la vends, je ferme l'entreprise et je reprends un contrat de salarié", affirme Brahim. Pourtant, lorsqu'il entreprend de devenir chauffeur VTC mi-2016, ce père de famille de 38 ans est plein d'espoirs. Partout, des publicités promettent 8 000 € de chiffre d'affaires par mois. Attiré par le magot, il quitte un poste en CDI pour monter sa propre entreprise de VTC. “J'ai très vite déchanté”, reconnaît-il.

Quand Uber demande à ses chauffeurs de conduire un véhicule de moins de 6 ans, il investit. La société a noué un partenariat avec une concession à Aulnay-sous-Bois (Seine-Saint-Denis), elle en informe les conducteurs par mail. Pour prétendre à des courses haut de gamme, Brahim cède. Il contracte un crédit et achète un nouveau véhicule à plus de 30000€. Au bout de quelques semaines, il découvre les conditions réelles de son travail. “On ne décide de rien. Quelqu'un qui roule en 308 SW [un break familial, ndlr] est payé le même prix que moi. Uber prend 25 % de commission. Ils ont aussi créé UberPool, un système de covoiturage pour tuer le secteur. Ils se servent du VTC pour faire du taxi low cost”, admet Brahim.

Pour parvenir à vivre correctement, il travaille tous les jours de la semaine, parfois de 6 heures à 22 heures, les créneaux les plus intéressants étant “ceux de 6 à 10 heures et de 17 à 22 heures”. Résultat, pour soixante-dix heures de courses, 1 300 € de chiffre d'affaires dont il faudra ensuite déduire les charges. “Sans compter qu'en fin de soirée, les gens sont alcoolisés. Ils ne nous respectent pas, parce que la course vaut moins cher que s'ils prenaient le bus pour quatre personnes, et ils pensent qu'on doit avoir des bouteilles d'eau et des bonbons”, décrit-il. Sa vie de famille s'étiole, il voit de moins en moins ses quatre enfants. [...] Brahim tente de joindre les deux bouts. Sa femme ne travaille pas, lui touche environ 800 € par mois de son activité... »

Aujourd'hui, à la relecture de son récit, je trouve d'évidentes similitudes avec celui de Mohammed K., mon premier chauffeur Uber. Mais aussi avec ceux de Babacar Sené, de Rachida Boujifla et de tous les autres déçus – des milliers, selon les syndicats. Certains, comme Brahim, ont d'ores et déjà entamé des procédures pour mener la fronde[1].

Certains pots de terre pensent désormais qu'ils peuvent s'unir pour aller défier le pot de fer Uber…

1. Lire à ce sujet le chapitre 12.

4

« Ils préfèrent être chauffeur Uber que tenir le mur… »

Les espoirs déçus des jeunes de quartier, anciens chauffeurs ou livreurs

Pour trouver trace d'Uber en région parisienne, il faut traverser le périphérique et prendre la direction d'Aubervilliers, première ville de Seine-Saint-Denis quand on quitte Paris. Au troisième étage du centre commercial « Fashion Center », qui regroupe des centaines de petites boutiques de prêt-à-porter bas de gamme venu de Chine, un écriteau à peine visible derrière une porte ouverte annonce le locataire des lieux. Devant le seul accès aux locaux de la plateforme californienne, un vigile monte la garde et contrôle la file d'attente façon videur de boîte de nuit.

Trois personnes patientent, surtout pour régler des questions administratives. Dans ce centre d'accueil Uber d'une surface de 500 m², inauguré en grande pompe en septembre 2016, les chauffeurs viennent effectuer leurs démarches (notamment les nouveaux candidats qui ont besoin de conseils au fil de leur parcours d'inscription) ou rencontrer des partenaires. Depuis le début de la crise sanitaire, certains viennent seulement chercher du matériel pour équiper leurs véhicules.

Ce jour de septembre, un chauffeur d'une cinquantaine d'années quitte les bureaux, des bidons de gel hydroalcoolique à la main. Il dit travailler depuis trois ans en tant que VTC, mais, avec la baisse des prix et le confinement qui a réduit le nombre de clients, il a dû se diversifier. Selon les jours, il alterne entre la vente de fruits et légumes dans sa petite camionnette et chauffeur Uber dans sa berline. « C'est comme ça, on fait ce qu'on peut pour vivre... Ici, mon ami, c'est Aubervilliers ! » plaisante l'homme, bonnet bien serré sur le bas du front.

Quand la firme américaine a annoncé qu'elle déménageait son centre d'accueil du cœur de Paris vers cette ville de banlieue Nord où le taux de chômage des 15-64 ans atteint les 23 %, ça a surpris pas mal de monde. « Ils ont déménagé parce qu'ils ont vite vu que la majorité d'entre nous venait du 93. Ils se sont mis en banlieue pour pouvoir plus facilement accueillir et aiguiller les candidats. Leur intérêt, c'était aussi sans doute d'avoir un peu plus de tranquillité en centre-ville », explique Brahim, un des plus anciens chauffeurs parisiens. Pour lui et ses collègues inscrits entre 2012 et 2015, ça n'a pas vraiment été une surprise car, selon eux, Uber a toujours clairement ciblé la banlieue. Cette implantation au-delà du périphérique n'en a été que la confirmation.

Interrogé par France Bleu en septembre 2016 au moment de l'inauguration des locaux, Stéphane Ficaja, l'ancien directeur des opérations d'Uber France, ne s'en cachait pas : « Uber veut venir à la rencontre d'une majorité de partenaires chauffeurs qui sont en Seine-Saint-Denis. C'est un département où il y a beaucoup de chômage, un véritable réservoir d'emplois. » Un ancien « expert », chargé de conseiller les chauffeurs venus se renseigner à Aubervilliers, y décrit quant à lui une « très bonne ambiance » : « La stratégie, c'était de cibler les jeunes de banlieue, c'est sûr, mais pour leur tendre la main, pour les accompagner. Quelque part, il y avait un vrai soutien», explique-t-il aujourd'hui sous anonymat, pour ne pas compromettre son réseau.

Du côté des syndicats, cette initiative n'a pourtant pas été perçue d'un bon œil. «C'est là-bas que vous trouvez les gens les plus vulnérables : ils habitent dans une zone difficile où le taux de chômage est supérieur au reste de la France, et beaucoup n'ont pas fait d'études...», analyse Sayah Baaroun, secrétaire général du Syndicat des chauffeurs privés VTC. «C'est donc ici particulièrement que le discours d'émancipation de la firme américaine a le plus de chances de trouver un écho», appuie-t-il, tout en regrettant que, dans les faits, «ça ne se soit pas vraiment passé comme ils l'avaient expliqué».

Selon les plus anciens, ce ciblage est presque inscrit dans l'ADN de la firme. Dans le milieu des chauffeurs, on se raconte souvent une anecdote sur le fameux «temps de pause». D'après eux, à partir de 2012, quand on passait le périphérique, on pouvait apercevoir de grandes publicités sur les panneaux 4 × 3 des villes de Seine-Saint-Denis. Les slogans étaient sans ambiguïté : il était possible de gagner «jusqu'à 8000€ par mois» en travaillant pour Uber. D'autres affirment que cette publicité tournait surtout sur les réseaux sociaux.

En tout cas, l'histoire racontée par tous les anciens entre chaque course amuse encore ceux qui ont alors cru tirer le gros lot. «C'était en chiffre d'affaires, et en travaillant plus de soixante heures au moins. Il fallait lire les petites lignes derrière les astérisques», ricane Kamel, chauffeur VTC. «C'est vrai. On n'a peut-être pas été clairs sur cette histoire de 8000€», reconnaît une source au sein de l'entreprise qui souhaite elle aussi rester anonyme.

Sayah Baaroun s'en souvient : quand Uber est arrivée dans les quartiers, la nouvelle s'est vite répandue, chacun s'est refilé le «bon plan». «En 2013, c'était de la folie, ils payaient les gens uniquement pour se connecter sur la plateforme. Uber venait nous voir et nous disait : "À chaque fois que vous avez du temps, on vous propose 120 €", mais parfois on n'était même pas obligés de faire des courses. C'était juste pour nous connecter, pour faire connaître l'application. Ils sont même allés chercher des chauffeurs salariés pour les débaucher. Forcément, ça a attiré pas mal de monde, surtout dans ces coins-là...» «Cette histoire de primes a fait le tour des quartiers. Les gens disaient : "Regarde combien je gagne en une journée !" On n'avait jamais vu ça. Jamais !» se remémore de son côté Brahim. «Dans le secteur, on appelle ça "brûler du cash". Ça consiste à arriver sur un marché tout en mettant en place des initiatives pour attirer des partenaires», explique une porte-parole d'Uber.

*

*   *

Aujourd'hui, les dirigeants d'Uber plaident la bonne foi : au départ, ce ciblage n'a pas forcément été fait consciemment. C'est seulement après quelques mois d'exercice que la stratégie s'est affinée. Pour l'entreprise, il fallait bâtir une offre importante et rapidement. Uber n'a fait qu'analyser la conjoncture française pour mieux s'engouffrer dans les failles du système, là où l'État n'offre que bien peu de réponses. En théorie, cette volonté de créer de l'emploi là où il n'y en a pas semble louable.

À partir de 2016, le recrutement s'est même intensifié. Au mois de novembre de cette année-là, la licorne californienne est allée jusqu'à affréter un car, rempli de partenaires et de conseillers Uber, pour sillonner l'Île-de-France et faire signer des contrats. Objectif affiché : rallier des chauffeurs en s'adressant à eux directement au pied des tours.

Les cadres ont appelé cette tournée des blocs le « bus des 70 000 entrepreneurs », en référence au nombre de créations d'emplois que les VTC devaient représenter, selon le rapport Thévenoud[1] d'avril 2014. Lors de sa première sortie, l'autocar a fait étape à Bagnolet, où il a attiré 270 personnes, dont 48 % de chômeurs. Puis une seconde tournée s'est rendue à Poissy, Montreuil, Livry-Gargan, Sarcelles, Massy, Aulnay-sous-Bois, Argenteuil et Garges-lès-Gonesse, avec le même succès.

Dans chacune de ces villes, où les habitants se plaignent au quotidien des discriminations à l'embauche dont ils seraient victimes, le principe était le même : Uber garait son bus sur un parking de la ville, déployait de grands barnums avec de jolis logos et recevait les dizaines de candidats qui faisaient la queue. À chacun d'entre eux, une proposition clé en main était formulée. Comme l'expliquait à l'époque un de ces experts missionné sur l'opération et interrogé par le site Actu.fr : « On leur présente la formation de chauffeur VTC gratuite proposée par notre partenaire Voitures Noires

1. Du nom du député socialiste de Saône-et-Loire Thomas Thévenoud, auteur du rapport « Un taxi pour l'avenir, des emplois pour la France », en avril 2014.

avec l'examen à seulement 99€ au lieu de 450€. Ensuite, si la personne souhaite en savoir plus sur le métier, on la met en contact avec des sociétés de transport situées près de chez elle. Pour ceux qui ont déjà la carte de chauffeur VTC mais n'ont pas de véhicule, on les met en contact avec notre partenaire Adie[1], qui accompagne la personne dans l'obtention d'un véhicule : location, achat, leasing avec des propositions de solutions de financement. Et, pour obtenir des conseils sur la création de sa société (statut juridique, comment se constituer une flotte, embaucher des chauffeurs, trouver des financements, etc.), nous les mettons en lien avec notre partenaire Planet Adam Île-de-France.»

Raconté comme ça, tout semble si simple, si prometteur surtout. Forcément, ce discours a séduit de nombreux jeunes pleins d'espoir. Le site d'information *Les Jours* rapportait par exemple, en mars 2017, le témoignage enthousiaste de Heddy, 21 ans, venu à la rencontre du bus magique à Montreuil : «Je sors de l'école avec un BTS assistant manager. Mais ça ne m'empêche pas d'être au chômage. De toute façon, je n'aime pas recevoir d'ordres. Des boulots style McDo, j'ai donné, ça va deux minutes. J'aime bien conduire et j'ai envie d'être autonome. [...] Uber sera un tremplin pour démarrer ma société. Après, je volerai de mes propres ailes. Je vais me faire ma clientèle auprès des entreprises et des hôtels...» Dans une dépêche publiée en décembre 2016, l'AFP cite le cas de Yanis, un ancien chômeur de 25 ans résidant à Pantin, devenu chauffeur Uber et convaincu d'avoir saisi sa chance : «Si je voyais le patron d'Uber, je lui dirais merci : c'est grâce à lui que j'ai un boulot, et grâce à lui que je sors de ma banlieue !»

1. Association pour le droit à l'initiative économique, créée en 2005.

Forte de ces belles histoires, Uber s'est présentée en « sauveuse des banlieues ». Tous les indices concordaient : la plateforme était en train d'y réparer l'ascenseur social.

Selon certains observateurs, cet incroyable vivier des quartiers avait un double intérêt pour la plateforme. D'une part, il s'agissait d'un important réservoir de main-d'œuvre prête à travailler immédiatement. D'autre part, Uber pouvait en effet se targuer d'être devenue le « premier recruteur de banlieue ». « Ils se vantaient de jouer ce rôle quasi social, analyse la sociologue Sarah Abdelnour, d'offrir des possibilités pour les jeunes des quartiers, en misant sur le taux de chômage et surtout sur cet idéal d'être à son compte. Ils savaient bien que les jeunes hommes de quartiers populaires avaient ce rêve de s'extraire du salariat. Ils ont identifié ce penchant pour la création d'entreprise. Ils parlent à une génération post-Bernard Tapie, pour qui être à son compte est très valorisé. Ils misent sur ces trois facettes : recruter des hommes qui soient jeunes et chômeurs [1]. »

Donc, si on en croit ce storytelling maison, la firme rendrait service à la France, en offrant une alternative efficace aux services publics et sociaux souvent dépassés dans ces endroits-là. Bien entendu, auprès des responsables politiques, ce discours va faire mouche. Après son élection de mai 2017, Emmanuel Macron et le gouvernement d'Édouard Philippe confient à un député de la majorité du Val-d'Oise, Aurélien Taché, la mission d'être le porteur du débat autour du rôle et du développement des plateformes, y compris en banlieue. À l'époque, Uber est perçue comme le messie par toute la macronie. Aujourd'hui, le député se montre un peu

1. Entretien avec l'auteur, le 5 septembre 2020.

plus critique sur le sujet. Il estime que l'on a laissé trop de place à Uber, qui dans ces territoires en difficulté a presque remplacé les politiques publiques d'insertion : « Uber a construit un monde parallèle à Aubervilliers et en banlieue. Là-bas, on a l'impression qu'ils captent la vie de gens qui devraient être captés par la solidarité publique[1]. »

*
* *

Une chose est certaine : du point de vue des responsables politiques, miroir aux alouettes ou pas, les plateformes sont une aubaine. Pour eux, mieux vaut un précaire avec un boulot mal payé plutôt qu'un chômeur de plus.

Déjà, lors de sa campagne présidentielle, le candidat Emmanuel Macron avait repris ce dilemme à son compte. Invité sur le plateau télé du site d'information Mediapart, en novembre 2016, il avait déclaré : « Allez à Stains, expliquez aux jeunes, qui font chauffeurs Uber, qu'il vaut mieux aller tenir les murs ou dealer. Allez leur expliquer ! » Il avait aussi affirmé souhaiter que ces jeunes « entrent dans la dignité, trouvent un travail, mettent un costume, une cravate ». Preuve, tout de même, que les arguments de la multinationale étaient arrivés à bon port. Jusque dans les plus hautes sphères du pays.

Mais la contrepartie aura été énorme : en échange de ces services prétendument rendus à la nation, les plateformes ont obtenu que l'État se plie à leurs règles du jeu sans en débattre – ou presque.

1. Rencontre avec l'auteur, le 26 octobre 2020.

À Stains, en Seine-Saint-Denis, plus de quatre ans après l'interview présidentielle, la pilule a toujours du mal à passer. Le difficile dialogue entre le président et les classes populaires, notamment lors de la crise des Gilets jaunes, a laissé des traces : aucun de ses habitants n'a vu poindre le « nouveau monde » que leur avait promis le candidat Macron. Au contraire, plus que jamais dans cette ville (où le taux de chômage des 15-24 ans flirte avec les 40 % et le taux de pauvreté atteint les 37 %[1]), les riverains se disent victimes d'une « stigmatisation permanente » de la part du pouvoir politique. Le monde des start-up n'est ici qu'un mirage. « Quand les politiques parlent de nous, c'est toujours pour dire qu'il y a de la drogue ou pour des faits divers. Et après, on vient nous dire qu'il faut prendre ce qu'il y a à prendre, que c'est mieux que rien... », regrette, à l'heure du marché, Amina[2], une jeune habitante de Stains qui a « plein de cousins qui sont passés par Uber ». « C'était facile, au départ. T'étais un gars de cité en galère et d'un coup tu débarquais en berline et en costard en bas de ta tour. Les gens te regardaient avec des yeux énormes comme dans les cartoons, des yeux qui disaient "Il a gagné au Loto ou quoi ? " », se souvient « Momo », un ancien chauffeur VTC de 34 ans, résidant dans une ville voisine. Aujourd'hui, il a quitté les plateformes pour reprendre des études dans la vente. « Cette phrase sur les jeunes de Stains, c'est aussi la preuve qu'Emmanuel Macron a abandonné l'idée que ça change vraiment pour nous. C'est comme s'il n'y avait plus rien à sauver chez nous. Alors, entre la peste et le choléra... », poursuit-il avec un geste résigné de la main.

1. Source Insee.
2. Son prénom a été modifié à sa demande.

Azzédine Taïbi, le maire PCF de la ville, voit lui aussi dans ces propos une « caricature très stigmatisante », mais finalement assez représentative du discours teinté de mépris que les politiques comme les plateformes peuvent tenir sur les banlieues. « Cette petite phrase, ça n'a pas été apprécié, y compris par les jeunes. J'analyse les choses depuis plusieurs années au regard de la connaissance que j'ai du terrain et de mon expérience d'élu local. Ce qui me gêne énormément dans cette vision, c'est de dire qu'un jeune a le choix entre rentrer dans une économie ubérisée, et vendre du shit et faire du trafic. La réalité, c'est tout sauf ça[1] ! » s'agace-t-il. L'élu, pas dupe de ce qui se joue, poursuit : « Je peux comprendre que, pour certains chroniqueurs qui font les plateaux au quotidien, cette caricature est un fonds de commerce. Pour eux, un jeune de banlieue, ce n'est même plus un Noir, même plus un Arabe, c'est un musulman. Et s'il n'est pas ubérisé, c'est un dealer potentiel, voire un terroriste. Mais, pour un président... Je pense que c'était une manière pour lui de capter un électorat populaire. C'est sûr, ça pouvait faire plaisir... »

Ce qui agace les acteurs politiques et associatifs de la ville, c'est que cette dichotomie invisibilise toutes les autres alternatives possibles. « Or il y en a plein d'autres, argumente Azzédine Taïbi. Je prône une autre voie possible : celle de créer de l'emploi et de la richesse directement dans nos quartiers. Ce qui est sûr, c'est qu'ici, il y a une soif de s'en sortir qui est phénoménale. C'est important et je tente de le faire en accompagnant des jeunes cadres pour qu'ils se mettent en réseau pour s'organiser, se donner des coups de main. Il faut aussi avoir une ambition sur la question de l'emploi et de

1. Entretien avec l'auteur, le 18 octobre 2020.

l'insertion. Y compris à l'échelle nationale. Malheureusement, les politiques ne favorisent pas du tout ça. Si on veut retrouver cette énergie, il faut que la force publique s'implique fortement ! »

En considérant Uber et les plateformes comme un pansement à tous les maux, les responsables politiques nationaux n'ont fait que se désengager de ces villes en souffrance. Là où il y a, au contraire, besoin d'un relais au plan national, d'une véritable mobilisation de l'État.

« Un modèle qui serait plus intéressant en banlieue, ce sont des plateformes qui seraient en réalité des coopératives. Avec tout de même cette idée qu'on puisse être indépendant, mais coopératif, et qu'on sorte d'un salariat classique. Cette idée-là, je la trouve émancipatrice. Je continue d'ailleurs de penser que la technologie et le progrès peuvent être émancipateurs », plaide de son côté le député Aurélien Taché, aujourd'hui ex-LREM.

*

*   *

Alors que la crise sanitaire n'a fait que dégrader la situation des travailleurs ubérisés, les responsables politiques des villes de banlieue sont désormais plus réservés. Un temps palliatif au chômage et à la précarité, le sujet gêne et agace, car l'eldorado annoncé était bel et bien un mirage.

« Uber a surtout été une opportunité au début de son activité, témoigne Karine Franclet, maire UDI d'Aubervilliers. Il y a vraiment eu une ruée vers tous ces emplois. Avant d'être maire, j'étais cheffe d'établissement en Seine-Saint-Denis. En parlant avec d'anciens élèves, je me suis rendu compte qu'il y avait énormément de jeunes qui avaient tenté leur chance. Ils voyaient sans doute ça comme un tremplin et un moyen de contourner les politiques RH qui sont un peu dures[1]... » Pour l'édile, la petite phrase d'Emmanuel Macron n'a rien de choquant : « Quelque part, il n'avait pas tort ! » affirme celle qui voudrait intégrer au lycée un module « Entrepreneuriat » obligatoire pour les jeunes. Mais, selon elle, Uber aurait dû n'être qu'un tremplin vers du mieux, vers autre chose, vers des emplois plus pérennes, par exemple. « Maintenant que ça ne marche plus aussi bien, on voit clairement que ce système atteint ses limites », admet-elle.

Azzédine Taïbi, le maire de Stains, a un avis bien plus catégorique sur la question : « Je ne suis pas du tout fan de ce système économique. Il y a encore deux ou trois ans, je vous aurais dit que beaucoup de nos jeunes sont partis vers ça parce qu'ils n'avaient pas le choix. Jusqu'en 2017, pour nombre d'entre eux, c'était la seule solution pour avoir un pied dans le monde du travail. Mais aujourd'hui, la plupart en sont revenus... Je le constate tous les jours. C'est devenu très compliqué : j'en vois certains travailler soixante-dix, quatre-vingts heures par semaine, ils sont complètement HS et diminués psychologiquement, avec tous les impacts que ça peut avoir. Il y en a beaucoup qui ont arrêté et qui disent qu'ils n'iront plus jamais conduire des berlines pour Uber. Et ceux-là, on les voit revenir vers nous... »

L'élu n'a pas oublié le discours qu'il a entendu quand il a reçu d'anciens chauffeurs Uber en entretien d'embauche : « Il y a trois ans, j'avais deux postes vacants de chauffeurs de car au sein de ma collectivité pour faire des sorties, aller au théâtre, visiter un château. J'avais besoin de recruter deux chauffeurs. Parmi les candidatures que nous avons reçues, on avait retenu deux

1. Entretien avec l'auteur, le 30 novembre 2020.

anciens d'Uber. Quand je leur ai demandé leurs motivations, ils m'ont dit : "Je préfère toucher moins, mais ne pas revenir cassé le soir." Ils n'avaient plus de vie de famille, avaient des problèmes de couple, ils étaient fatigués… Moi, je ne peux pas l'accepter par rapport aux valeurs que je défends ! »

Pour toutes ces raisons, plus de sept ans après l'euphorie béate des débuts, les plateformes ne sont plus vraiment en odeur de sainteté dans les quartiers populaires. Nombreux sont ceux qui racontent, avec amertume et quelques dettes en prime, exactement la même histoire, celle d'un faux départ.

À plusieurs titres, la stratégie des start-up de l'ubérisation rappelle celle des chaînes automobiles ou de l'industrie, pour qui ces villes ont toujours été un vivier important, jusqu'à y créer des bassins dortoirs. On y vivait entre précaires, sans échappatoire ou presque. À une différence près : ceux qui travaillaient à la chaîne trouvaient dans les usines un lieu de socialisation important, rencontraient des collègues et des syndicats pour les représenter. Aujourd'hui, les jeunes sont des indépendants qui se retrouvent seuls dans leurs habitacles, dirigés par un algorithme.

En Seine-Saint-Denis, cette stratégie de ciblage n'est pourtant pas près de prendre fin. Derrière Uber, Deliveroo et toutes les autres ont découvert les petites routes qui mènent en bas des tours quand elles ont compris que l'un des moyens pour parvenir à la rentabilité serait de baisser inexorablement les revenus de leurs « collaborateurs ». Quand elle a développé ses services, la plateforme de livraison londonienne s'est non seulement tournée vers de nombreux jeunes au-delà du périphérique, mais elle y a aussi installé de grandes cuisines dans des entrepôts destinées à alimenter la ville. Là encore, une copie remasterisée du vieux modèle industriel : pour ces entreprises, les quartiers populaires et leur main-d'œuvre ne servent qu'à faire vivre la ville placée au centre du dispositif. Tout cela au prix d'une grande précarité. L'économiste Thomas Porcher écrit ainsi[1] : « Hier les ouvriers des usines, aujourd'hui les services à la personne et les chauffeurs Uber, la banlieue a toujours été un grenier à main-d'œuvre. Comme dans la France des territoires, les banlieusards ont connu les effets négatifs de la mondialisation à la suite des fermetures et délocalisations d'usines. C'est dans ce contexte que s'accélère la paupérisation des grands ensembles qui avaient été initialement construits pour loger cette main-d'œuvre. Par exemple à Aulnay-sous-Bois, où la fermeture du site PSA[2] en 2013 a appauvri les grands ensembles, au nord de la ville, notamment la cité des 3000. Aujourd'hui, le taux de pauvreté des ménages y atteint 50 %... »

Ainsi, les travailleurs à la chaîne du XXe siècle ont en partie perdu leur emploi à cause de la mondialisation. Cette même mondialisation qui a fait de leurs enfants des ouvriers des temps modernes. Dans un acte émancipateur, ces derniers ont cru à l'utopie d'un entrepreneuriat hors des codes soufflée par une start-up californienne d'un nouveau genre. Avant de se retrouver finalement précaires parmi les précaires.

1. Thomas Porcher, *Les Délaissés. Comment transformer un bloc divisé en force majoritaire*, Fayard, 2020.

2. Avant avril 2016, le groupe PSA s'appelait SA Peugeot Citroën.

5

En immersion

Derrière le mythe du travailleur ubérisé, la dure réalité d'une économie souterraine

Issam, un exilé marocain arrivé il y a un an en France, a cette formule dévastatrice quand il parle de son boulot : « Nous, les livreurs, quand on est dans la rue, tout le monde fait comme si c'était normal de voir des Noirs et des Arabes pédaler partout sur des vélos, mais ils se disent bien que quelque chose ne va pas. Je veux dire : on a des manteaux troués, pas de gants, on a froid, on livre sur des Vélib', dans des sacs Picard... Nous sommes les nouveaux pauvres ! » Ce jeune homme de 19 ans, livreur pour le compte de Stuart et d'Uber Eats, est un sans-papiers. Malgré son statut, il roule onze heures par jour et au « black » pour ces plateformes. Et il assure qu'il est loin d'être le seul : « C'est le premier boulot qu'on te suggère de faire quand tu arrives ici ! »

Ces deux dernières années, les jeunes de banlieue ont vu débarquer à leurs côtés, dans les rues, ces nouveaux travailleurs encore plus précaires qu'eux. Quand les rémunérations baissent inexorablement jusqu'à atteindre des sommes difficilement acceptables, les sans-papiers, qui exercent principalement dans la livraison, sont parfois la seule main-d'œuvre qu'il reste. Alors tout le monde ferme les yeux : les entreprises tentent de se convaincre que le phénomène n'existe pas, les autorités préfèrent ne pas en entendre parler, et les clients sont aveuglés par leur appétit de consommation.

Il n'y a qu'à faire un tour sur les groupes Facebook dédiés aux livreurs pour s'en rendre compte. Plusieurs fois par jour, certains postent des annonces du type « recherche compte Uber Eats urgent ». D'autres proposent d'en sous-louer un en échange d'une commission pouvant aller jusqu'à 200 € par semaine. Leur nombre va croissant depuis les confinements et les conséquences économiques de la crise sanitaire.

Résultat : une bonne partie des livreurs de plateformes est désormais originaire du Bangladesh. Pour eux, ce job est venu s'ajouter à la longue liste des petits boulots (plonge, cuisine, vente de fruits ou de roses...). Mais la grande majorité vient d'Afrique, particulièrement subsaharienne. C'est le cas de Moussa, collègue d'Issam, un chétif Malien sans papiers de 30 ans. Il porte sur son dos un sac Uber Eats bien plus large que ses épaules fatiguées. Son parcours ressemble à celui de beaucoup d'autres : il est passé par la Libye, a pris un bateau surchargé pour traverser la Méditerranée jusqu'à l'Italie. Là-bas, il a été placé en centre de rétention pendant un temps, puis il est parvenu à obtenir un titre de séjour italien. À défaut de trouver du boulot de l'autre côté des Alpes, il a poursuivi son chemin clandestin jusqu'à Paris, où il est arrivé il y a près d'un an maintenant. « Au début, j'ai pensé que mes papiers italiens me serviraient pour trouver du travail ici. Quand je me suis présenté pour des boulots, on m'a dit qu'il fallait tout recommencer », explique-t-il[1]. Il fait le tour des restaurants, on lui conseille des agences d'intérim, mais il y a

1. Le titre de séjour italien ne permet pas de travailler en France mais seulement d'y séjourner pour une durée de trois mois.

beaucoup de concurrence. C'est à ce moment que d'autres Maliens rencontrés dans des foyers lui ont confié leur dernière combine : « Si tu veux gagner de l'argent facilement, il faut devenir livreur. » Dans les rues de la capitale, il y a le choix entre plusieurs sociétés : Uber Eats, Deliveroo, Just Eat, Stuart ou Frichti[1] notamment. Le boulot est intense, mais il a l'avantage d'être disponible immédiatement et à chaque coin de rue. Pour Moussa, le deal paraît idéal, au moins dans un premier temps. Seul problème, il a besoin d'obtenir le statut d'auto-entrepreneur avec des papiers en règle. En théorie. Car le trentenaire comprend vite que de nombreuses astuces existent pour contourner ces règles.

Parmi elles, la plus répandue est la sous-location ou l'emprunt de comptes d'autres livreurs. Le principe est simple. Une personne A possède un compte en règle dans une ou plusieurs applications de livraison, ainsi que des papiers français et un statut d'auto-entrepreneur. Elle le loue à une personne B, sans papiers, en échange d'une commission pouvant aller de 20 à 50 % selon les cas rencontrés. Pour A, l'affaire est belle : il peut gagner de l'argent en restant assis sur son canapé pendant que B court les rues pour livrer des repas. Lui, en revanche, s'expose à un double risque, car il peut se voir sanctionné par la plateforme si elle découvre la manœuvre ou ne jamais recevoir l'argent de la main du loueur si celui-ci est malhonnête.

Pour vérifier tout cela, je me suis mis à la recherche d'un compte à sous-louer sous un faux nom et sans papiers d'identité.

---

1. Frichti est une entreprise de livraison française fondée en 2015 par Quentin Vacher et Julia Bijaoui. Elle se distingue de ses concurrents en proposant des plats qu'elle cuisine dans ses propres locaux et non dans des restaurants partenaires.

Il m'a suffi d'à peine une journée pour trouver quatre loueurs potentiels. J'ai simplement répondu à des annonces sur des groupes Facebook, puis les discussions se sont poursuivies en privé avec les personnes concernées. Trois d'entre elles sous-louent un compte chez Stuart, la troisième chez Glovo. Leur commission oscille entre 80 et 100 € chaque semaine, et c'est non négociable. « Pour l'argent, soit tu le récupères chez moi, soit je te fais un virement si tu as un compte », m'explique l'un d'eux. Un autre m'annonce qu'il prend carrément plus de la moitié de mes recettes : « La location du compte, c'est 200 € par mois, je te paierai à la semaine. Si tu fais 300, je prends 170, si tu fais 400, je prends 270. » Soit 67,5 % de commission !

Je choisis finalement de faire affaire avec celui qui prend le moins cher, soit 80 € par semaine. C'est une femme, elle me transmet le numéro de son mari, un livreur Deliveroo, titulaire d'un compte sur la plateforme française Stuart, filiale de La Poste. Au téléphone, ce dernier se veut rassurant : « Je vois que tu parles bien français, c'est bien car le précédent ne parlait pas, alors il s'est fait bannir. Je prends ma commission toutes les semaines. Et tous les jeudis, tu viens récupérer ton argent en cash. Je suis honnête, hein, je ne suis pas un voleur... », m'assure-t-il.

Les nombreux sans-papiers qui acceptent la combine connaissent les conditions : ils ne sont pas certains de recevoir l'argent que le loueur leur doit. C'est un accord de confiance tacite. Mais ils savent aussi qu'ils n'ont pas d'autre choix. « Arriver en France, c'est compliqué. La vie coûte cher, on a dépensé beaucoup d'argent pour faire le chemin jusqu'ici, on est fatigués. On a besoin de travailler tout de suite. La famille attend aussi qu'on leur envoie de l'argent, on a la pression», me raconte Moussa, le livreur malien. Ce qui explique en partie pourquoi la pratique s'est répandue si facilement : les loueurs n'ont pas à chercher trop longtemps pour trouver leur homme. Un autre livreur sans papiers, Ibrahim, ajoute : «J'ai fait ça pour commencer. Tu loues un compte et tu roules, c'est simple. On le sait, c'est de l'exploitation, car en plus de la commission de la plateforme, il y a aussi celle de la personne qui loue, et certains se font plaisir.»

Le plus souvent, les bons plans se refilent directement dans la rue par le bouche à oreille. Devant les enseignes de restaurants, ce réseau illégal suit une sorte de chaîne alimentaire. Bien souvent, ce sont d'actuels livreurs, comme mon loueur, qui reproduisent leur propre exploitation auprès de plus précaires qu'eux. Parfois, ce sont d'autres qui ont raccroché, las de voir les prix baisser ou fatigués de sillonner quotidiennement les rues à toute vitesse. Ceux-là préfèrent déléguer plutôt que trimer eux-mêmes pour si peu.

Mon loueur, lui, n'a pas l'air d'avoir trop de scrupules. Il semble d'ailleurs avoir monté un véritable petit business parallèle puisque, en plus de son compte Stuart, il gère aussi la location de ceux de plusieurs de ses amis. On se rencontre près des grands boulevards, à Paris. Il est français, porte un survêtement noir et m'aborde avec un grand sourire. Pour l'occasion, je me suis aussi adapté : je porte un vieux survêtement Lacoste que j'utilise pour faire du sport. Dans mes messages, j'ai ajouté de grosses fautes d'orthographe. Au moment de la rencontre, je tente aussi de me défaire de mon langage de journaliste pour retrouver mon langage d'ado. J'enchaîne les «cimer» et les «mec» à la fin de mes phrases, mais ça sonne tellement faux qu'en y repensant, j'en souris. Encore un peu honteux... À me voir, mon interlocuteur fait d'ailleurs une drôle de tête, l'air de ne pas trop comprendre ce qu'un gars comme moi vient faire dans la sous-location. Peu lui importe, au fond, tant que je ramène de l'argent.

Ensemble, on installe l'application sur mon téléphone et on se connecte au compte Stuart. Il est au nom d'un de ses proches, à consonance africaine. Je ne suis pas noir, mais « ça devrait le faire », me dit-il. Je n'ai plus qu'à attendre que ça sonne pour réaliser ma première livraison. « Tu ne voles rien, hein ? Parfois, tu livres des ordis ou des trucs de valeur. Donc, si c'est une Rolex tu ne la voles pas, ou alors tu me préviens et on fait moitié-moitié », plaisante-t-il. Pour travailler sur cette plateforme rachetée en 2017 par La Poste, je dois aussi rouler impérativement à vélo, un argument écologique auprès des clients : « Ou bien tu te gares un peu plus loin à scooter, et tu caches ton casque dans ton coffre ou ton top-case, ils ne te feront pas chier. Mais si t'arrives avec ton casque, ça ne va pas le faire. »

Premier problème de taille : je n'ai pas de sac pour travailler. Mon « patron » non plus, mais il me donne un petit conseil : « Tu peux en trouver sur Le Bon Coin... » Là, il y a des sacs de toutes les couleurs, siglés de toutes les plateformes, qui se vendent entre 40 et 100 €. C'est le prix à payer pour commencer à livrer illégalement. J'en trouve un en peu de temps, mais, en attendant, je reçois plusieurs sms de mon loueur qui commence à s'inquiéter de voir le compte inactif : « Tu as pu commencer à livrer ? » Je réponds : « J'attends mon sac et je commence... »

Si je ne roule pas, il ne peut pas prélever sa commission. D'où l'intérêt pour lui de maintenir toujours une petite pression. Les plateformes de livraison vantent les mérites d'un travail libre, n'importe quand et n'importe où. La sous-location de compte est tout l'inverse : je n'ai pas de contrat, mais j'ai bien un patron, à qui je rends des comptes directement, et qui peut voir ce que j'ai fait de ma journée en se connectant directement à l'application. Si je ne suis pas assez productif, il n'aura qu'à louer le compte à quelqu'un d'autre. À moi de rouler vite, donc, pour le bien de tout le monde…

Je dois aller chercher mon premier colis à livrer à quelques centaines de mètres de chez moi. L'application m'indique la destination, le XVe arrondissement de Paris, la distance, 6,8 km, et le prix, 11,50 €. Devant une boutique, je récupère un petit sac sur lequel il est inscrit en grandes lettres « Time to relax ». J'apprends en me rendant sur leur site internet que je transporte en fait du… CBD, un dérivé légal du cannabis[1]. La gérante ne regarde pas mon nom ni mon téléphone, je récupère le paquet en moins de dix secondes et fais route vers le sud de Paris. Une fois arrivé, j'appelle la cliente, lui remets son petit sac au pied de l'immeuble, « bonsoir, au revoir ». Total : 11,50 € qui tombent dans la poche de mon loueur, vite fait, bien fait.

Moins de dix minutes plus tard, mon téléphone sonne de nouveau. Je le découvre assez vite, la société Stuart est d'abord un sous-traitant pour d'autres plateformes de livraison qui par ailleurs ont leurs propres livreurs : Frichti et Just Eat en premier lieu. Cette fois, je dois donc récupérer un couscous dans une brasserie bien connue pour le compte de Just Eat et le déposer à 1 kilomètre d'ici. Devant les portes du restaurant, je croise

1. Passage repris d'une enquête publiée le 3 novembre dans *Libération*.

un autre livreur de chez Uber Eats. On se sourit, et on commence à échanger quelques vannes. Il est à Vélib', moi sur mon propre vélo, je lui propose de faire la course.

« Je me suis fait voler mon vélo, alors je roule avec ça. Vroum ! » s'amuse-t-il en déposant le paquet dans le panier avant. En quelques mots, il m'explique qu'il est agent d'entretien, payé au Smic, et qu'il fait ce boulot le soir pour payer ses charges trop élevées. Nous nous disons bonsoir, puis je fais route vers ma deuxième destination. Arrivé au pied de l'immeuble, il n'y a pas de nom correspondant sur l'interphone et je tombe directement sur la messagerie du client. Après dix minutes d'attente et de discussion avec le service client par tchat, un homme en chemise, fronçant les sourcils avec cet air qu'arborent les gens bien placés, descend dans la cage d'escalier et m'adresse un simple et sonore « Couscous ? » en me pointant du doigt. Sans un bonjour. Je lui réponds « Oui » et l'informe que son téléphone doit être éteint, car il ne répondait pas. Il me dit alors : « Ce doit être un mauvais numéro... » Avant de prendre la poudre d'escampette sans même dire au revoir. Total de la livraison : 5 € environ.

Je le constate au cours de ces premières courses : sous-louer un compte n'est vraiment pas une difficulté ni un frein. À aucun moment du processus on ne me demande quoi que ce soit, ni mon nom ni pour qui je travaille. Je ne suis donc jamais inquiété. Les restaurants eux-mêmes ne sont pas très regardants : je n'ai qu'à prononcer le numéro de la commande, on me la transmet sans me regarder, puis je m'en vais. Je n'ai pas été contrôlé non plus par l'application ou ses services. Cela explique que ce système de sous-location totalement illégal perdure malgré les polémiques qu'il suscite.

Même si un des loueurs m'a bien prévenu : « Des fois, quand tu n'as pas le sac qu'il faut, ils ne te passent pas la commande… » Cela ne m'arrivera pas. Le principal, c'est que je continue de livrer.

Parfois, il faut attendre près d'une heure pour que l'algorithme me sollicite, alors je tourne en rond dans les rues de Paris. Sur le bitume, je croise des livreurs de toutes les écuries. Ils portent des sacs Deliveroo, Uber, Stuart, Just Eat… Mais une bonne partie transporte les repas dans des sacs isothermes Picard, voire dans d'ordinaires cabas. C'est souvent à ça qu'on reconnaît ceux qui sous-louent. Près de la place de la Bastille, au retour d'une course à Bagnolet, je croise un livreur sur un Vélib' avec une sacoche Stuart. Je lui lance un « Salut, on est collègues ! » d'un air amusé alors que j'arrive à son niveau. En réalité, cet Ivoirien de 30 ans travaille pour Deliveroo. Un de ses contacts vient tout juste d'ouvrir un compte sur la plateforme londonienne, alors il le sous-loue pour une centaine d'euros par semaine, car « ça sonne plus que Stuart », m'explique-t-il. Puisqu'il n'a toujours pas pu récupérer le sac griffé de sa marque, il fait avec les moyens du bord.

Ça y est ! Mon téléphone vibre de nouveau et m'envoie à 30 minutes de là. À plus de 7 kilomètres en banlieue est. J'hésite à accepter, car ça m'éloigne beaucoup de la zone où sont concentrés les restaurants, il me faudra donc faire un aller-retour en une heure pour à peine 10 €. J'accepte finalement : c'est un burger McDonald's et son soda à récupérer dans le XXe arrondissement. Une fois arrivé à destination, je sors le tout de mon sac… pour constater que la boisson s'est entièrement déversée pendant le trajet. Je tends tout de même le repas dégoulinant au client et m'excuse platement. Il est contrarié, mais me dit tout de même « C'est pas grave, t'inquiète», avant de s'en aller. En partant, je me dis qu'il va sans doute me mettre une mauvaise note, que ça va me pénaliser via l'algorithme. J'aurai sans doute moins de commandes…

Après quelques jours d'exercice, j'ai pu livrer avec un compte qui ne m'appartenait pas sans être inquiété une seule fois. Je fais le bilan : je suis à une moyenne de 10€ par heure environ sur les créneaux cruciaux du midi et du soir. Le reste du temps, il me faut parfois attendre plusieurs dizaines de minutes avant que mon téléphone ne sonne. Au total, donc, dans le meilleur des cas, si je livre pendant huit heures sans m'arrêter, j'aurai récolté 80€ en une journée. Soit le prix de la commission que me prélève mon loueur. Avec ce système, je dois travailler une journée complète à blanc pour être autorisé à mettre le reste des recettes de la semaine dans ma poche. Tout cela si mon «patron» me répond un jour bien entendu, car il a disparu sans me payer quand j'ai commencé à enchaîner les livraisons… Au bout d'une semaine, il a changé les codes de son compte sans prévenir et je n'ai pas touché un centime.

Du côté des plateformes, on grince des dents à l'évocation de la sous-location. Évidemment, ce problème ne peut pas être ignoré, il n'y a qu'à sortir dans la rue à une heure de pointe et interroger les livreurs pour constater qu'ils sont de plus en plus nombreux, migrants en situation irrégulière, à porter des sacs carrés réfrigérés. Cette concentration de travailleurs illégaux sous leur bannière nuit grandement à leur image. Certaines plateformes, comme Uber Eats, ont bien tenté de mettre en place des moyens de contrôle drastiques de leurs flottes. Des ingénieurs ont par exemple développé un système de reconnaissance faciale pour lutter contre ce qu'ils appellent les « faux », mais ils n'ont pas été autorisés à l'utiliser. À la place, un protocole plus artisanal a été instauré. En clair, les livreurs prennent une photo d'eux à la création du compte, puis il est « périodiquement demandé aux coursiers et chauffeurs de prendre un selfie en temps réel », afin que les superviseurs de la société puissent le comparer avec la première image. Une mesure qui semble partiellement inefficace, comme en témoigne le livreur malien Moussa, sac Uber Eats sur le dos. Pour la contourner, des petits malins publient des annonces de sous-location sur les réseaux sociaux spécifiant rechercher des profils physiques similaires au leur : « un Arabe avec une barbe comme moi », peut-on lire, ou encore « un Noir baraqué ». Et les propositions de sous-location de comptes Uber Eats affluent, toujours plus nombreuses.

Chez Deliveroo, les cadres réalisent depuis quelques mois des contrôles ponctuels de la flotte. Durant ces « audits », les salariés de la plateforme se placent à certains points de passage stratégiques pour demander les papiers d'identité des livreurs. Ceux-ci n'ont toutefois aucune obligation légale de le faire et refusent bien souvent. La démarche est d'ailleurs jugée risquée en interne, car elle peut être perçue comme une tentative de fliquer les coursiers. Et surtout, crainte majeure de telles sociétés, ces derniers pourraient s'en servir comme une preuve de subordination. Ce qui pourrait, au final, contraindre les plateformes à salarier leurs livreurs et à requalifier leurs contrats en CDD, voire CDI.

Dans d'autres entreprises, comme chez Frichti, on a eu recours à des moyens plus artisanaux. En février 2020, l'un des dirigeants de l'entreprise a par exemple ouvert un fil Slack, un outil de discussion professionnel que j'ai pu consulter[1], pour demander à ses collègues cadres de lui rapporter les noms des travailleurs illégaux qu'ils identifiaient. Il y écrivait : « Nous nous retrouvons avec pas mal de livreurs qui ne parlent pas bien français et c'est très mauvais [...] pour l'image de Frichti auprès de nos clients. » Ce à quoi l'un des managers répondait, entre cynisme et fatalisme : « Ben, tu peux supprimer 90 % des auto-entrepreneurs à vélo. »

Quel que soit le système anti-fraude déployé, les plateformes répondent systématiquement qu'elles font « le nécessaire pour endiguer le problème ». Ultime argument, modèle d'hypocrisie : « Nous ne sommes pas responsables de ces dérives puisque nos livreurs sont des entrepreneurs indépendants. »

Le phénomène existe dans toutes les grandes villes françaises – à Paris, Marseille ou Bordeaux, où la presse régionale s'en fait régulièrement l'écho. Le prestigieux *New York Times* a même publié une enquête sur le sujet le 16 juin 2019. Mais le recours aux travailleurs illégaux touche aussi, sans distinction, les villes moyennes où les plateformes de livraison se sont développées, preuve qu'il est aujourd'hui inhérent au système lui-même. France Bleu Cherbourg constatait cette dérive en novembre 2019. Le problème avait été dénoncé par des habitants d'Amiens au cours des mois précédents. Résultat, en mai 2020, la police avait réalisé un vaste contrôle pour vérifier la situation de livreurs réunis sur l'une des places de la ville. Quatre procédures ont été alors ouvertes pour travail dissimulé.

À l'heure actuelle, il est difficile d'estimer précisément le nombre total de sans-papiers qui exercent illégalement dans la livraison en France. Mais, selon

1. Dans le cadre d'une enquête pour *Libération* publiée le 4 juin 2020.

Moussa et ses amis, ils seraient très nombreux : « La plupart de ceux qui arrivent sans papiers en France le font, au moins dans un premier temps. » D'après ceux que j'ai interrogés, d'autres combines moins répandues existent. Certains prennent par exemple le risque de se procurer des faux papiers portugais ou italiens qu'ils présentent aux plateformes pour créer des comptes. Lesquelles plateformes les acceptent parfois, sans trop vérifier. Des clandestins vont même jusqu'à multiplier les faux documents pour obtenir le statut d'auto-entrepreneur. Mais ceux-là sont souvent rapidement repérés.

Aujourd'hui, malgré tout, la sous-location reste très majoritaire. Chez Uber Eats ou Deliveroo, on refuse de communiquer le nombre de cas repérés. Du côté de chez Glovo, Alexandre Fitussi, le directeur général France, estimait début 2020 auprès du *New York Times* qu'au moins 5 % des 1 200 livreurs hebdomadaires de sa société étaient en situation irrégulière, soit une soixantaine. Des chiffres probablement largement sous-estimés.

Au cours d'une récente étude sur le profil des livreurs de plateformes, Laetitia Dablanc, directrice de recherche au Laboratoire Ville Mobilité Transport (LVMT), et ses équipes ont mené des entretiens d'une heure auprès de 1 000 personnes exerçant cette activité. Ils ont ainsi pu évaluer à 37 % la proportion de sans-papiers sur l'échantillon total ! « On a des faisceaux d'indices : la nationalité (86 % ne sont pas français), et la façon dont ils sont entrés dans les plateformes, par la sous-location ou autre », explique la chercheuse. « Dans certaines de ces entreprises, on peut même affirmer avec certitude que le phénomène a pris une telle ampleur qu'il a créé, pour ces structures, une sorte de dépendance à l'égard du travail illégal.»

Illustration parfaite de ce cercle vicieux qui, à défaut de règles, conduit inexorablement à la précarisation croissante des travailleurs du secteur, afin que la machine puisse continuer à tourner… coûte que coûte !

6

La rébellion des livreurs sans papiers

Pendant le premier confinement, je reçois un message d'une personne inconnue sur mon compte Facebook : « Bonjour, j'ai un ami marocain sans papiers qui travaille pour Frichti à Paris sept jours sur sept depuis quelques mois. En dehors de la façon dont il est traité, cela fait deux mois qu'il n'est pas payé. D'après mon ami, ils sont plusieurs sans-papiers dans ces conditions. Je ne sais pas de quelle manière vous pourriez nous aider… »

Toujours soucieux de mieux comprendre et de raconter dans mon journal les dérives du travail ubérisé, je prends aussitôt rendez-vous avec le livreur en question, un certain Nabil El Hani. Nous nous retrouvons quelques jours plus tard rue des Petits-Champs, à Paris, au milieu des prestigieux immeubles haussmanniens en pierre de taille. Nous sommes tout près du Sentier, devant un local de la plateforme Frichti.

Dans le paysage des start-up de la nouvelle économie, Frichti est un peu à part. Elle a été fondée en 2015 par un couple de Parisiens, Julia Bijaoui et Quentin Vacher, qui avaient, disaient-ils, l'ambition de rendre l'écosystème « plus vertueux ». Contrairement à Deliveroo, Just Eat ou Uber Eats, qui sont de simples relais de restaurants, Frichti prépare dans ses propres locaux les repas livrés. Elle privilégie ainsi le circuit court et les produits locaux. Ce qui en fait l'application privilégiée de ceux qui veulent se donner bonne conscience. Sa communication est principalement basée sur l'idéal d'un « système plus sain », de la préparation à la livraison. En tout, Frichti revendique « 500 auto-entrepreneurs » et de « nombreux partenaires ». Sur son site internet, la société assure que tous sont « une partie importante » de son « éco-système ».

Ce que Nabil El Hani – que j'ai à l'époque renommé Karim, dans les colonnes de *Libération*, pour le protéger – me décrit ce jour-là tranche en tout point avec ce joli discours bien rodé. Le système dont il se dit victime est en réalité chapeauté par une entreprise sous-traitante de Frichti ayant pignon sur rue. Cela dépasse de loin la simple sous-location de particulier à particulier dont témoignent Moussa et ses collègues et donne une idée de l'ampleur réelle du phénomène au sein des plateformes.

Mon enquête est finalement publiée le lundi 1er juin 2020. En voici de larges extraits :

« Dans l'après-confinement, des scènes vécues pendant l'enfermement reviennent parfois avec plus d'ironie. Ces deux derniers mois, Karim les a passés à livrer des repas aux Parisiens confinés pour le compte de la plateforme française Frichti.

Midi et soir, ce jeune livreur a déposé des dizaines de plats sur le pas de la porte des clients pour payer son loyer. Puisque la livraison a transformé les travailleurs en hommes-sandwichs, son gilet jaune poussin affiche côté face le logo de la firme en grandes lettres. Côté pile, on peut lire "livreur de bonheur" à chaque fois que le jeune homme rebrousse chemin après une livraison.

Voilà ce que doit être Karim pour Frichti et ses clients : une personne au service du bon, même dans la tempête. Un paradoxe, car ces plateformes de livraison promettent le bien aux clients tout en semblant ignorer les malheurs de leurs livreurs. Lorsque l'on demande à Karim de se définir, il se décrit plutôt comme “un livreur sans papiers et sans contrat”...

Le jeune homme est né dans un pays d'Afrique, où il est traqué en raison de son orientation sexuelle. À l'âge adulte, il choisit l'exode. Au moment de traverser la Méditerranée du Maroc vers l'Espagne, Karim songe d'abord à faire le chemin caché dans les essieux sous de gros camions.

Il trouve finalement refuge au centre temporaire pour migrants de Melilla, enclave espagnole au Maroc. Le migrant y reste enfermé pendant un an et demi, dans des conditions “proches de la prison”. “J'y ai perdu 25 kg, j'ai dû faire face à beaucoup de racisme là-bas”, raconte-t-il avec pudeur. Quand il est finalement libéré, il s'installe en Espagne et exerce brièvement en tant que télé-opérateur pour des marques de téléphonie françaises. Pour autant, Karim ne parvient pas à obtenir l'asile dans son pays d'accueil et peine de plus en plus à trouver des petits boulots. C'est cet hiver, dans le froid des grèves, qu'il décide de poser son sac à Paris. “On m'a dit que c'était plus simple de travailler au black ici”, explique-t-il. Un contact dans la capitale lui transmet l'adresse d'une entreprise prête à lui fournir du travail en tant que livreur à scooter. “Elle s'appelle Frichti”, lui dit-on. Son interlocuteur lui assure que c'est le meilleur moyen de travailler... à condition d'emprunter l'identité d'un autre livreur en règle.

Karim accepte et reçoit un scooter électrique doté d'un coffre frigorifique. Pour ses premiers jours dans la peau d'un autre, dont le prénom et le nom s'affichent en toutes lettres sur son téléphone, sa présence passe inaperçue. Contrairement à certains concurrents, Frichti livre ses propres produits et non ceux de restaurants. Il se rend donc tous les jours dans leurs locaux récupérer les commandes. Mais là-bas, il n'est jamais interrogé sur son identité. Et à ce stade, Karim est toujours persuadé que c'est bien Frichti qui l'emploie. Il porte un gilet au nom de la marque, livre des sacs siglés et ouvre tous les jours l'application... "Tout m'indique que ce sont eux qui me payent", raconte-t-il.

Les premiers mois, Karim fait ses heures sans problème. Quand l'épidémie de coronavirus s'intensifie et que le gouvernement décide de confiner les Français, l'activité se poursuit malgré tout, "dans la peur".

Dans les rues désertes, il faut faire face aux contrôles de police qui se multiplient. Après quelques semaines, Karim se fait arrêter une première fois. "Les policiers me font remarquer que mon scooter est un 125 centimètres cubes et qu'il faut un permis pour ça." Pire, il n'a ni carte grise ni assurance pour le deux-roues et toujours pas de titre de séjour. Karim obtient miraculeusement la clémence des forces de l'ordre. "J'ai dit que je faisais rien de mal, que je travaillais parce que personne ne travaillait, que j'avais besoin d'argent. Ils m'ont laissé partir", se remémore le livreur qui craint toujours d'être expulsé dans son pays natal.

Mais après quelques semaines de confinement, il constate que son salaire n'est plus versé : "Et je commençais à avoir peur de ne pas pouvoir payer la chambre que je loue." Lorsqu'il s'en inquiète auprès de celui qui l'embauche, on lui demande d'être patient.

Mais Karim commence à avoir de sérieux doutes. Dans le groupe WhatsApp créé pour recevoir les instructions quotidiennes des employeurs, ils sont plusieurs. Au moins six d'entre eux travailleraient illégalement, selon Karim. Ils y reçoivent parfois des menaces de licenciement : "Il faut obligatoirement aller à l'étage quand le client le demande. Celui qui ne respecte pas cette règle sera viré !" prévient un des donneurs d'ordre.

Après deux mois sans salaire, certains livreurs s'agacent fin avril : "Il faut verser l'argent, là, c'est abuser !" Pas de réponse. C'est en se concertant avec eux que Karim parvient finalement à obtenir des précisions quant à sa situation : en réalité, son employeur n'est pas Frichti, mais une société tierce, sous-traitante.

Cette entreprise, que nous avons pu retrouver mais dont nous ne dévoilons pas l'identité à ce stade pour protéger ses livreurs, a pignon sur rue et a tout de la start-up bien portante. Ironie de l'époque, elle a fait de la livraison écologique son credo et est citée dans plusieurs réseaux estampillés "French Tech". Dans la presse spécialisée, elle est citée en bonne place, catégorie "ces start-up qui veulent un futur plus vert". Dans un autre article de presse sur la livraison verte, ses dirigeants se vantent d'être présents à Paris et Lyon et d'avoir pour clients Leclerc ou Casino. Mais, en arrière-boutique, ses livreurs témoignent d'une réalité moins reluisante. "J'y ai travaillé un mois, on m'a menti sur mon contrat qu'on ne m'a jamais fait signer. Ils me doivent 1 360 €. Ce que cette société a fait est de l'exploitation humaine", témoignait déjà sur Internet un ancien livreur en 2019.

Ce dont se disent victimes Karim et ses collègues, c'est d'un système tout entier, rendu caduc par un enchevêtrement de sous-traitances légales et illégales.

Toutes les plateformes de livraison comme Frichti ont recours à d'autres sociétés pour assurer le dernier kilomètre. Le plus souvent, ce sont des auto-entrepreneurs, mais certaines font aussi appel à des PME plus importantes comme celle qui emploie Karim. [...]

Depuis plusieurs années, ce système d'externalisation a permis en parallèle à un réseau de sous-location illégale de comptes de se développer dans les rues des grandes villes. [...]

Chez Frichti, on assure que l'on ignorait tout de la situation de Karim et de ses collègues. "Découvrir qu'il y a des gens qu'on exploite, et qu'on se permet de ne pas payer, ça me met en colère", répète Julia Bijaoui. Elle se dit aujourd'hui "flouée par ce prestataire". "On a affaire à des gens qui ne savent pas gérer une société et on n'a pas su le voir", admet la fondatrice, qui met pourtant en avant "un système robuste" de contrôles réguliers et aléatoires des livreurs travaillant en sous-traitance pour Frichti. Comment expliquer alors que Karim soit passé au travers pendant des mois ? "Nous n'avons pas les prérogatives de l'inspection du travail, avance la dirigeante de Frichti. On est du genre à travailler jusqu'à ce qu'on fasse mieux." Frichti envisage d'engager une procédure judiciaire contre son sous-traitant, et Julia Bijaoui assure qu'elle a "à cœur" d'aider Karim et ses collègues [...][1].»

*

* *

À la publication de cet article, un lundi matin, la réaction de Frichti a été immédiate. Ses dirigeants ont

1. « Sans papiers, sans contrat... Bienvenue chez Frichti », *Libération*, 1er juin 2020.

décidé de procéder purement et simplement au contrôle de l'ensemble de leur flotte de 500 livreurs. Tristes dommages collatéraux de cette enquête : ceux qui n'étaient pas en possession d'un titre de séjour ou d'un passeport européen n'ont plus eu accès aux locaux. Le jour de la publication de l'article, donc le lundi de Pentecôte, les livreurs sans papiers de la plateforme se sont retrouvés à la rue, mais sans travail cette fois.

L'ironie de cette situation, c'est qu'en imaginant se protéger d'une bien mauvaise publicité, les dirigeants de la start-up n'ont fait qu'exposer la situation aux yeux de tous. Car, le jeudi suivant, les livreurs laissés sur le carreau ont spontanément décidé de se rassembler devant les locaux de la société pour protester contre cette décision. Sans syndicat ni association à leurs côtés, ils réclamaient tout simplement de retrouver leur job. C'est ce jour-là que l'on a pu réellement constater l'ampleur du système de travail illégal au sein de la plateforme : sur les 500 livreurs que revendiquait Frichti, on a dénombré plus de 200 sans-papiers réunis devant l'immeuble l'abritant. Des Guinéens, des Sénégalais, des Maliens ou des Soudanais qui pour la plupart travaillaient depuis quelques mois pour elle. Bien loin des « cas isolés » qu'évoquent souvent ces sociétés pour se défendre.

Les prix à la baisse, la course à la rentabilité et la concurrence sans cesse plus féroce avaient probablement poussé la firme française à élargir sa flotte de livreurs. Cela s'était fait manifestement sans trop de contrôle. Ce qui avait permis aux sans-papiers d'intégrer le système parfois sur présentation d'un « simple passeport étranger », assuraient-ils, en brandissant leurs contrats pour attester leur bonne foi. Au cours des réunions qui ont suivi, les représentants des livreurs ont fait parvenir un décompte plus précis : ils étaient 219 sans-papiers, livreurs quotidiens de repas à Paris, soit presque la moitié de la flotte de la société.

Leurs récits ont permis aussi d'en apprendre plus sur leurs conditions de vie. Car, fait assez rare, ils ont profité de cette occasion pour prendre la parole et s'exprimer publiquement. Au fil de leurs témoignages, c'est la dissonance toujours plus grande entre les discours de l'entreprise et la réalité qui m'a le plus frappé.

Un exemple tout simple. Nous, consommateurs potentiels, plutôt sensibles à la question écologique, voyons d'un bon œil la livraison à vélo. Pourquoi polluer quand il existe une alternative propre ? Depuis sa création, Frichti impose donc à ses livreurs de rouler à vélo, car cela fait partie notamment des convictions de ses fondateurs. Dans un monde idéal, on rencontrerait donc des livreurs heureux sur leurs bicyclettes, déposant des plats bio issus de circuits courts sur le palier de clients tout aussi réjouis. Dans les rues de nos villes, la réalité est tout autre : 219 sans-papiers travaillaient dans l'arrière-cuisine sept jours sur sept, parfois sous le même système de sous-location. Certains n'avaient même pas de quoi s'offrir un logement et dormaient en foyer. Pour beaucoup, il est aussi impossible d'acheter un vélo digne de ce nom. Résultat, bon nombre d'entre eux roulent tout simplement… en Vélib'. Ce qui, du coup, est plus pratique pour eux : puisqu'ils n'ont pas les moyens d'habiter à Paris ou que les foyers se trouvent bien souvent en banlieue, ils font le trajet jusqu'à la capitale en RER. Une fois dans le quartier, ils louent la bicyclette en libre-service, puis la déposent une fois la journée terminée. Et chaque jour, en attendant les commandes, les bornes de stationnement deviennent des points de rendez-vous.

Quand, enfin, ils ont amassé un petit pécule, certains investissent dans un vélo électrique pour plus d'efficacité. C'est le cas du meilleur livreur de la plateforme, Ibrahim Abdelkader Traoré, le travailleur ivoirien sans papiers déjà cité. Il totalisait en décembre 2019 le nombre impressionnant de 983 commandes et 1 574 kilomètres parcourus, soit l'équivalent d'un Paris-Marseille aller-retour – à vélo ! Le tout en à peine un mois.

Après cet épisode, le conflit a duré plus d'un mois et demi. Des semaines durant lesquelles les syndicats, les représentants des livreurs sans papiers et le ministère de l'Intérieur ont échangé sur les conditions d'accès à des titres de séjour. Le cas des livreurs de Frichti a posé à tous les protagonistes les termes d'une équation inédite : l'accès à la régularisation est-il possible lorsqu'on est auto-entrepreneur ?

Jusqu'alors, la réponse n'existait pas en France. Depuis la circulaire Valls de 2012, seuls les salariés peuvent accéder à une régularisation par le travail. Du côté du gouvernement, on ne souhaitait donc pas, via Frichti, créer un précédent. Mi-juillet, un accord a finalement été trouvé entre toutes les parties : environ la moitié des livreurs sans papiers ont obtenu un récépissé leur permettant d'accéder à la régularisation. Cela à une seule condition : trouver un travail salarié dans les deux ans à venir pour valider la procédure. Cette disposition en deux temps permet en réalité au gouvernement de ne pas créer le redouté précédent en régularisant directement des non-salariés, ce qui pourrait provoquer un appel d'air : tous les autres livreurs sans-papiers en

France seraient alors en droit de réclamer, eux aussi, l'accès à une procédure de régularisation.

Les autres ont touché une indemnité de 1 400 €. Pour cette seconde moitié restée sur le carreau, les conditions d'accès au récépissé n'étaient pas remplies (nombre d'années de présence, rémunération, nombre de mois d'inscription sur la plateforme...), ont estimé les parties prenantes au dossier. Le Collectif des livreurs autonomes parisiens a de son côté vivement dénoncé l'opacité des accords conclus entre la CGT et le ministère de l'Intérieur. Mais c'était sans doute le prix à payer pour obtenir des avancées inédites en France concernant les sans-papiers auto-entrepreneurs...

En octobre 2020, on découvrait qu'une autre plateforme française, Stuart, avait eu recours aux mêmes procédés. De toutes les plateformes présentes sur le territoire français, Stuart était réputée, dans le petit milieu des coursiers à deux-roues, pour embaucher un nombre important de travailleurs illégaux. J'ai pu le constater moi-même pendant cette enquête : c'est sur Stuart que j'avais pu sous-louer un compte sans trop de problèmes.

Le conflit chez Frichti ayant sans doute suscité des craintes parmi les cadres de cette filiale de La Poste, ils ont eux aussi décidé de supprimer les comptes de tous les livreurs sans papiers qu'ils avaient identifiés. La manœuvre s'est faite par petits groupes, mais le résultat a été le même : des dizaines de travailleurs se sont retrouvés brutalement sans boulot. Pour eux, les revendications étaient identiques à celles des laissés-pour-compte de Frichti : la régularisation de tous les sans-papiers.

Amine, Yassine et Cheikhou, deux Algériens et un Sénégalais de 30 ans, ont par exemple été bannis du jour au lendemain. Depuis presque deux ans, ils livraient pourtant sur Stuart sans aucune complication. « J'ai créé un compte avec des faux papiers français. Personne n'a jamais regardé jusqu'à cet automne. Ils m'ont bloqué et demandé de renvoyer le document », explique Amine. Cet Algérien affirme qu'il est titulaire d'un master en finance de l'université d'Alger. Il est « venu chercher une vie meilleure » en France, dans l'espoir de trouver du travail. À défaut de titre de séjour, il est finalement devenu livreur pour payer son loyer, il y a deux ans. Depuis, sa situation n'a pas évolué. « J'aime bien rouler à vélo, c'est mieux que d'être un sans-papiers dans le bâtiment », assure-t-il. Cheikhou, le Sénégalais, a quant à lui traversé la Méditerranée du Maroc vers l'Espagne. Avant d'arriver en France, où il rêve d'étudier la philosophie. En attendant, il est coursier dans d'autres sociétés sous-traitantes : « Soit pour aider des cousins qui ont des comptes, ou avant avec mon propre compte. » Yassine, lui, a déjà récupéré le compte d'un collègue qu'il loue en attendant de trouver mieux. « Vous voulez qu'on fasse quoi d'autre ? On a besoin d'argent pour vivre », regrette-t-il.

Tous les trois se disent victimes collatérales d'une opération de communication. « On a livré sous la pluie et tout sans jamais rien dire. Et là, plus rien. Ils veulent montrer qu'ils font le nécessaire pour clarifier la situation. Mais ils ne peuvent pas bannir tous les sans-papiers de la plateforme, sinon il n'y a plus de livreurs », ironise Amine.

Comme pour Frichti, les cadres de Stuart ont affirmé qu'ils discuteraient avec les livreurs laissés sur le carreau. Certains entrevoient la possibilité d'obtenir un récépissé, comme leurs collègues « livreurs de bonheur » – un moindre mal selon eux.

*
* *

Avec du recul, le recours aux travailleurs sans papiers illustré par les cas Frichti et Stuart interroge plus largement : les plateformes en sont-elles complices ou victimes ? Dans nos deux exemples, les cadres mis devant le fait accompli ont toujours exprimé leur bonne foi. « On a été naïfs », a concédé Quentin Vacher, de Frichti, lors d'une rencontre à l'issue du conflit. Naïfs de n'avoir pas su évaluer l'ampleur du problème, naïfs aussi d'avoir procédé à ce contrôle de la flotte. D'accord, mais jusqu'à quel point peut-on plaider la naïveté quand le quotidien de centaines de personnes est en jeu ?

Parce qu'elles créent du travail dans un pays qui en manque, les plateformes, qu'elles soient françaises ou étrangères, semblent s'octroyer quelques passe-droits... Elles répètent aussi à l'envi que, selon les études de terrain qu'elles ont menées, les livreurs ne souhaitent pas être salariés car ils préfèrent être indépendants. D'après ces données, elles ne font donc que respecter les souhaits des livreurs qui seraient, en revanche, les responsables de la sous-location à des tiers. C'est en partie faux, estime la sociologue Laetitia Dablanc : selon ses recherches, « environ la moitié d'entre eux étaient intéressés par le salariat ». En réagissant de la sorte, les entreprises camouflent la dégradation des conditions dont elles ont le contrôle : la baisse des rémunérations, on l'a dit, mais aussi l'augmentation des distances parcourues, des cadences, ou encore la quasi-absence de protection en cas d'accident. Autant d'« évolutions » uniquement dirigées dans le sens du profit et de la rentabilité, quand d'autres choix pourraient permettre à ceux qui exercent ces métiers de le faire dignement.

Il semblerait aussi que la sous-traitance au sein de certaines de ces plateformes ait pris de telles proportions qu'il est devenu difficile pour elles, voire risqué, de s'en affranchir. Elles sont prises à leur propre piège. Il est aujourd'hui toujours plus compliqué de recruter des livreurs qui acceptent de travailler dans ces conditions et sur le long terme. Les sans-papiers viennent donc pallier ce manque et, même si cela nuit à l'image des entreprises, ils sont sans doute essentiels à leur survie.

Les mauvais esprits diront qu'elles y trouvent finalement un intérêt : cette main-d'œuvre bon marché et corvéable à merci pourrait leur permettre d'atteindre plus facilement le seuil de densité tant recherché. « Ce n'est pas une situation saine, c'est certain. L'un des moyens de s'en sortir par le haut, c'est de régulariser, le cas de Frichti a montré qu'il y avait quelque chose de possible. Il y a aussi un gros enjeu, celui de la formation, notamment pour la logistique, qui recrute beaucoup. C'est un vivier important », poursuit Laetitia Dablanc. D'aucuns considèrent par ailleurs qu'ils ont du boulot, et que c'est « mieux que rien ». Mais c'est un travail sans possibilité d'intégration : on leur fait comprendre que leur place est là où ils sont arrivés, dans la rue ! Sans réel collectif ni représentant du personnel, sans aucun contact avec des associations, syndicats, partis politiques ou même patrons.

Dans nos sociétés, les sans-papiers des plateformes sont en somme ce qui se rapproche le plus des robots dont rêvent tant les patrons de la Silicon Valley. Une chose est en tout cas certaine : le statut de ces travailleurs qui courent les rues pour que ceux qui en ont les moyens n'aient pas à bouger de leur canapé ne va pas dans le sens du progrès et de la modernité. Il rappelle même des temps plus anciens de notre histoire où, déjà, les Blancs de la classe moyenne et supérieure étaient servis par des « gens de couleur ». À travers eux perce plus que jamais l'image d'une France à deux, voire à trois vitesses.

7

Paysans de la proto-industrie, canuts lyonnais et hommes-sandwichs de 1929…

Les premiers travailleurs ubérisés ?

Tout est allé très vite, presque trop vite. Il a suffi d'une poignée d'années pour voir une nuée de plateformes pousser sur tous les continents. Une fulgurance qui ne permet pas vraiment de prendre du recul. Pourtant, cela semble aujourd'hui plus que nécessaire. Car, si les start-up ont affirmé partout qu'elles étaient les « pionnières du nouveau monde », on est tout de même en droit de s'interroger : au regard de ce que l'on vit, ce monde qui ne cesse de nous désorienter est-il si « nouveau » qu'il y paraît ?

Évidemment, la réponse est non. Lorsqu'on regarde dans le rétroviseur, on trouve déjà, à plusieurs moments clés de notre histoire, des traces de systèmes préexistants assez similaires.

Parmi tous ces exemples, il y en a un dont les ressemblances avec le cas qui nous intéresse sont particulièrement frappantes : celui des « tâcherons » du XIXe siècle. À l'époque, en pleine Révolution industrielle, les pays occidentaux se développent à grande vitesse. Certains secteurs ont alors recours à ces ouvriers à bas coût payés à la tâche (d'où leur nom). En fonction des régions, leurs conditions diffèrent. Mais, en bout de chaîne, c'est toujours l'ouvrier que le système exploite le plus. Leur histoire dessine des perspectives bien peu réjouissantes quant au futur des travailleurs de plateformes.

Les premiers cousins des chauffeurs de VTC et livreurs à deux-roues exerçaient dans le nord de la France dans la seconde moitié du XIXe siècle. Avec l'expansion du textile à partir de 1850, les patrons des usines vont faire appel à de nouveaux ouvriers. Ce sont souvent des paysans, dont l'activité essentielle consistait jusqu'alors à travailler la terre. Mais, avec ce que les historiens ont appelé la « révolution agricole », les processus de culture se modernisent. On utilise notamment plus d'engrais, et les besoins en main-d'œuvre diminuent. Qui plus est, durant les mois d'hiver, ces paysans voient leur activité chuter, ainsi que leurs revenus. Ils ont donc besoin d'une activité secondaire pour vivre. Les patrons du textile vont alors leur proposer de réaliser ponctuellement des tâches de tissage en complément des productions intensives en plein boom dans les usines.

« Du point de vue des industriels, les avantages ne sont pas des moindres. Ils trouvent en effet parmi cette plèbe rurale un vivier d'ouvriers à domicile qu'ils peuvent se permettre de payer encore moins que les ouvriers des fabriques », décrit l'historien Marc Leleux[1]. C'est aussi au paysan devenu ouvrier que revient la charge de se procurer son propre matériel et de le remplacer s'il venait à casser. « L'autre avantage pour le patron, c'est que cet ouvrier à domicile ne compte pas

1. Marc Leleux, *Aux sources de la précarité. L'instrumentalisation du travail dans le Nord, 1848-1914*, Presses universitaires du Septentrion, 2015.

ses heures car il est payé à la pièce, pas à l'heure. Si le patron considère que le travail a été mal fait, bien sûr, il ne le paye pas », précise Marc Leleux. « La fabrication se fait au domicile de l'ouvrier et, de ce fait, ne nécessite aucun investissement immobilier de la part de l'employeur. Par ailleurs, en cas de difficultés dans l'écoulement de la production, il suffit à l'industriel de mettre temporairement fin à l'engagement qui le lie à l'ouvrier à domicile en attendant une reprise des commandes, ce qui lui permet ainsi d'éviter la constitution de stocks inutiles. » Autrement dit, « cette population constitue un "volant de sécurité, régulateur des à-coups de la conjoncture" » – fait intéressant car toujours d'actualité, un siècle et demi plus tard, dans l'économie des plateformes. Pour les industriels, ces « tâcherons » sont d'autant plus une aubaine qu'ils peuvent leur confier les tâches les plus délicates, celles qui ne peuvent pas être réalisées en usine par des machines : par exemple le travail du lin, « dont les fibres sont d'assez mauvaise qualité », explique Marc Leleux.

En France, ce type d'activités, que l'on a qualifié de « proto-industrie[1] » va durer jusqu'à l'entre-deux-guerres. Pour certains paysans, elle aboutit à une « entrée en prolétarisation ». Ils vont accepter de laisser leurs terres pour se rendre à la ville et travailler pour un unique patron à l'usine. « Ils vont alors avoir le sentiment de perdre en indépendance. Alors qu'en fait, on constatera plus tard que ce type de salariat est une protection. Des règles se mettent en place, et ces travailleurs vont cesser de s'auto-exploiter. Une fois que les

1. Pour le *Larousse*, il s'agit d'activités de fabrication rurale, domestique et saisonnière pour des marchés extérieurs à la région de production, qui ont précédé en Europe la Révolution industrielle.

horaires sont terminés, ils peuvent rentrer chez eux», poursuit l'historien.

Une tension entre indépendance et salariat qui n'est pas sans rappeler là encore celle vécue par les travailleurs de plateformes : le premier statut offre la flexibilité, le second la protection. Mais ils partagent surtout l'amer sentiment de subir leur sort. Dans un cas comme dans l'autre, ils n'ont souvent pas d'autre choix que d'accepter les conditions de leur précarité, car le travail vient à manquer là où ils vivent.

Dans un exercice d'analogie similaire, la chercheuse Claire Bonici s'est intéressée de son côté au destin d'autres tâcherons du XIXe siècle, les canuts lyonnais[1]. Ils étaient des ouvriers tisserands de soie, connus notamment pour leurs révoltes sociales liées à leurs difficiles conditions de travail. Au cours de ses travaux, l'historienne a révélé de nombreuses similitudes entre leur quotidien et celui des travailleurs ubérisés.

À cette époque, à Lyon, la «Fabrique», un système à part, organise l'activité des canuts selon un «mode singulier qui la distingue nettement des métropoles ouvrières comparables», décrit Claire Bonici. On vient de le voir, dans le nord de la France comme ailleurs dans l'Hexagone, les usines de textile attirent majoritairement, à partir du milieu du XIXe siècle, des ouvriers issus d'un exode rural. Sauf dans la capitale du Rhône, donc, où l'on ne trouve pas de grosses entités centralisatrices. Là-bas, «le processus de production demeure toujours celui, traditionnel, de la manufacture "dispersée"».

Pour comprendre le système mis en place, il faut imaginer une pyramide. Tout en haut, il y a des

1. Claire Bonici, «Les chauffeurs Uber, canuts du XXIe siècle ?», *Revue internationale de l'économie sociale*, n° 346, 2017.

« négociants ». Ce sont eux qui détiennent les matières premières et commandent la fabrication des pièces, mais ils ne fabriquent rien. En dessous, dans les petits ateliers de tissage familiaux, on trouve les « canuts ». Ils se répartissent en deux sous-catégories : les chefs d'atelier et les compagnons. Les premiers sont propriétaires de leurs machines et « assument les frais de loyer, exécutent des tâches soigneusement prescrites par le négociant en mobilisant l'entraide familiale ou/et en employant eux-mêmes une main-d'œuvre qu'ils gèrent et rémunèrent ». Ils sont soumis aux commandes des négociants et à la concurrence entre eux. Les seconds sont simplement employés pour aider à la fabrication : « Dans ce schéma directement hérité de l'Ancien Régime, la confection des tissus de soie s'éparpille dans de multiples ateliers, petites unités productives au sein desquelles des chefs d'atelier indépendants sont liés à des négociants dans des rapports de travail qui font l'objet de contractualisations commerciales successives, au gré de la demande des clients. Juridiquement, chacun des actes contractuels est valable pour un ouvrage unique qui détermine précisément l'objet pour lequel il a été conclu ainsi que la rémunération du chef d'atelier responsable de l'exécution de la tâche. Une fois l'ouvrage exécuté, la convention cesse. Entre les deux contractants, il n'est point question de lien durable, de subordination, de rapport hiérarchique, mais bien de relation librement consentie entre deux types d'acteurs cantonnés dans leurs rôles respectifs par des frontières hermétiques. »

Dans ce système, les négociants tout en haut de la pyramide décident seuls des règles du jeu et profitent globalement de la flexibilité offerte pour tirer leur épingle du jeu. Les chefs d'atelier et tisseurs souffrent d'une précarité croissante en raison de la baisse des tarifs et de la forte concurrence. Voilà qui rappelle nos plateformes du XXIe siècle, seules à décider des règles. «Dans les deux cas, ce sont [les] travailleurs juridiquement indépendants, qui détiennent les outils de production et supportent les coûts et risques de l'activité. À l'image des négociants lyonnais, les plateformes centralisent, mettent à disposition, imposent les obligations : libérées des coûts de production, elles valorisent leur capital (constitué d'un réseau de riches clients pour les uns et d'un espace virtuel de travail pour les autres)», analyse Claire Bonici.

À trois reprises, en 1831, 1834 et 1848, les canuts vont mener de grandes insurrections, à l'origine d'importants acquis sociaux. Au fil des années, ils se retrouvent en effet particulièrement exposés quand le secteur de la soie décline. Pendant ces périodes difficiles, leurs revenus et leur charge de travail baissent considérablement. Lors de la révolte de 1831, les chefs d'atelier vont donc réclamer la mise en place d'un tarif minimum, qu'ils vont obtenir de la part du préfet. Pourtant, certains négociants refusent dans un premier temps de l'appliquer, ce qui ravive la colère des ouvriers. Des revendications toujours d'actualité aujourd'hui, les chauffeurs VTC ayant eu pour principal souhait, ces trois dernières années, d'avoir un droit de regard sur les tarifs imposés par les firmes. Pour l'instant, ils n'ont pas obtenu gain de cause, et ce système proche de celui des canuts perdure. Si les canuts lyonnais ont obtenu des progrès sociaux importants au prix de leurs révoltes historiques, difficile de prédire à l'heure actuelle à quoi aboutira la révolte des précaires de l'ubérisation…

*
* *

À la même période, on trouve trace de ce modèle de tâcheronnat dans les pays anglo-saxons également. En Angleterre, dans la seconde moitié du XIXe siècle, apparaît le terme de *sweating-system*[1] pour désigner le sort réservé à ces travailleurs. Il s'agit bien souvent de sous-location du travail, comme le rapportent les chercheurs Pauline Barraud de Lagerie et Luc Sigalo Santos[2]. Ils citent Marx qui, en septembre 1867, écrivait dans *Le Capital* : « Le paiement à la pièce facilite l'intrusion de parasites entre le capitaliste et le travailleur salarié, en donnant lieu à une sous-location du travail », ce qui est encore le cas dans l'économie des plateformes. Vivement décrié au début du XXe siècle, le tâcheronnat sera finalement aboli par différentes mesures conjointes. En 1848, un décret a notamment proscrit « l'exploitation des ouvriers par les sous-entrepreneurs ouvriers, dits marchandeurs » et, par extension, a fait du « marchandage » un délit. Avant, donc, qu'il ne réapparaisse sous une nouvelle forme, tout aussi insidieuse, près de cent cinquante ans plus tard.

Pour Tawny Paul, maître de conférences en histoire sociale à l'université d'Exeter, il est même possible de remonter jusqu'au XVIIIe siècle pour trouver d'autres cousins proches des chauffeurs et livreurs de l'économie de partage. L'historienne s'appuie sur les journaux intimes de trois Britanniques, Edmund Harrold, Thomas Parsons et John Cannon. Tous les trois, comme beaucoup

1. De *sweating* (transpiration).

2. Pauline Barraud de Lagerie et Luc Sigalo Santos, « Les plateformes de micro-travail : le tâcheronnat à l'ère numérique ? », *in* Sarah Abdelnour et Dominique Méda (dir.), *Les Nouveaux Travailleurs des applis*, PUF, « La vie des idées », 2019.

d'autres citoyens, occupaient plusieurs emplois. Le premier était coiffeur à Manchester au début du siècle ; il louait une petite boutique, où il recevait ses clients. Pour survivre, il devait néanmoins cumuler d'autres petits boulots, comme libraire ou commissaire-priseur. Il en va de même pour le deuxième, un sculpteur qui officiait aussi en tant que chercheur scientifique. Et pour le troisième, un ouvrier agricole, également professeur et agent du fisc. « Comme les gens qui gagnent de l'argent grâce à l'économie des plateformes aujourd'hui, les trois hommes ont été plongés dans un monde de précarité. Ils étaient indépendants mais s'inquiétaient fréquemment d'avoir assez d'argent pour payer leurs factures. Ils craignaient un échec potentiel », décrit-elle.

Les plateformes nous propulseraient donc trois siècles en arrière, dans un monde où il est nécessaire de cumuler plusieurs emplois pour survivre ? Oui et non. Il y a une chose importante qui distingue ces trois Anglais de nos travailleurs contemporains : le « statut social ». « Les récits historiques nous rappellent que nous devons considérer le travail, non pas comme une forme de rémunération, mais plutôt comme quelque chose de crucial pour notre vie sociale et culturelle. Nous nous définissons en fonction des emplois que nous occupons. De plus, nous pouvons observer que la qualité du travail dépend du statut. [...] Pour des hommes comme Parsons, Harrold et Cannon, le travail était une pratique sociale. Ce n'était pas seulement une activité productive pour subvenir à leurs besoins, mais c'était plutôt une entreprise qui garantissait l'apprentissage, l'indépendance et l'estime de soi », analyse-t-elle. En comparaison, selon Tawny Paul, il est possible que les conditions des trois hommes du XVIIIe siècle aient été meilleures, car « aujourd'hui, les travailleurs qui utilisent les plateformes dépendent de l'évaluation des utilisateurs », qui est rendue systématique, et non plus de leur appréciation subjective et de celle de la société. Un retour en arrière, donc, mais en pire…

Par la suite, chaque crise économique a vu émerger de nouvelles formes de travail, exercées par les plus précaires d'entre nous. Celle de 1929 a par exemple rendu populaire l'image de l'homme-sandwich, dont la tâche était d'arpenter les rues en portant sur ses épaules des publicités géantes. À l'origine, cette pratique, née au XIXe siècle à Londres, fut pensée par les entrepreneurs désireux de s'exonérer des taxes sur les messages commerciaux. En 1929, aux États-Unis comme en Europe, des chômeurs n'ont eu d'autre choix que de se résoudre à cette activité, tout en étant payés une misère et à la journée. Le journaliste Georges Le Fèvre entreprend cette année-là une vaste enquête sur les petits boulots à Paris. Il écrit dans les colonnes du quotidien *Le Journal* : « Être homme-sandwich, ce n'est pas déchoir, c'est s'anéantir. Peut-on appeler ça gagner sa vie en travaillant ? Pas même, puisque le gain est dérisoire et le travail inexistant. [...] Ce qui reste de moi appartient à la rue comme un bec de gaz, un banc, une enseigne. Moins encore, je suis un cadavre vivant. Moins encore, une transparence. On me bouscule sans s'excuser. On me consulte sans me regarder. Lorsqu'un passant me heurte, il lève les yeux au-dcssus dc ma tête et fait un léger salut aux incomparables repas à six francs… » La comparaison des hommes-sandwichs de 1929 et des livreurs de 2020 révèle ainsi une énième similitude. Pour exercer leur activité, les sociétés imposent aux derniers de porter un sac réfrigéré sur le dos, sur lequel figure en grandes lettres le nom de la start-up, orné d'un joli logo. Pour nos yeux habitués à les voir passer au quotidien, leur silhouette ressemble davantage à de la publicité ambulante qu'à un humain qui travaille à vélo. C'est là un des éléments qui invisibilisent le plus ces nouveaux travailleurs d'Internet, à la fois omniprésents dans l'espace public et totalement transparents en tant qu'individus.

Qu'ils soient tâcherons ou hommes-sandwichs, ces précaires partagent finalement un point commun : ils ont à un moment de leur histoire suscité l'indignation populaire, parfois jusqu'à provoquer des révoltes historiques. Au prix de ces luttes et du combat politique pour le progrès social, ils ont aussi obtenu des avancées majeures, signes de reconnaissance. Peut-on espérer semblables acquis pour les travailleurs des plateformes ? Pour l'heure, leur petit nombre au regard de la totalité des actifs en France ne leur offre qu'une représentation minime dans le débat public. D'autant qu'il s'agit de travailleurs « invisibles », dont la voix porte peu, sans papiers ou précaires. Les chercheurs Pauline Barraud de Lagerie et Luc Sigalo Santos notent par exemple que, en comparaison, les ouvrières à domicile du textile étaient entre 800 000 et 1,5 million autour de 1900. Même si, au fur et à mesure que ce modèle ubérisé se développe, il touche de plus en plus de métiers et de pays différents. Autre élément important : les sociétés des siècles précédents ont parfois valorisé davantage le collectif et l'esprit de classe. Alors qu'aujourd'hui il est devenu bien difficile de mobiliser deux précaires, bien que proches, pour agir dans un même but.

On le constate à l'échelle des travailleurs des plateformes, qui n'ont jamais su – ou pu – réellement se mobiliser en dehors de leur corps de métier ni de leurs frontières. C'est peut-être finalement cela que font éclore ces plateformes : un monde dématérialisé où chacun a de bonnes raisons de ne se préoccuper que de lui-même.

8

Comment l'ubérisation transforme nos petites villes

Fougères, petite ville de 20000 habitants environ, est un des joyaux historiques de la Bretagne. En contrebas du bourg, dédale de petites rues pavées et de maisonnettes au toit d'ardoise, un immense château fort tient debout depuis le XIIe siècle, ceint de longs remparts. Il fait la fierté des habitants de cette commune d'Ille-et-Vilaine, qui ne se font d'ailleurs pas trop prier pour en vanter les mérites.

Au début de l'année 2020, une annonce parue dans la presse locale a étonné les riverains : Uber Eats, la plateforme de livraison de repas, a décidé de s'implanter à Fougères. Dans le village, on s'est interrogé : « Qu'est-ce qu'un géant américain comme Uber vient faire chez nous ? » En réalité, Fougères, comme d'autres, fait partie d'une stratégie d'extension du maillage de l'entreprise sur toute la France. Les plateformes de livraison se sont d'abord attaquées aux grandes métropoles : Paris, Bordeaux, Lille, Rennes, Lyon, Marseille… Puis, petit à petit, elles se sont installées dans les petites et moyennes villes. Grâce à cela, Uber Eats couvre 180 agglomérations (quand Deliveroo en annonce de son côté une cinquantaine) et se vante d'être présente auprès de la moitié des Français (34 millions de clients potentiels).

Partout en France, ces derniers mois, on a donc vu filer à vive allure, dans les rues des petites villes françaises, des livreurs aux sacs carrés : « Cette stratégie de développement est importante. Car, si on ne s'implante que dans les grandes villes, on n'intéresse que les bobos et les bureaux. En s'installant ailleurs, on touche tout le monde[1] », explique un ancien cadre d'une de ces entreprises. Pour survivre, il faut donc être présent dans chaque foyer. « Les dépenses les plus fortes sont en marketing. Quand on va acheter une pub avant le journal de 20 heures, ou renommer la Ligue de football du nom d'Uber Eats, ça coûte de l'argent. Mais si l'on n'est présent que dans quelques villes, ça n'a pas de sens. C'est pour cette raison aussi qu'il est nécessaire de se développer partout », poursuit-il.

Dans les petites et moyennes villes comme à Fougères, le développement de la livraison peut susciter un fort intérêt des municipalités. À la mairie, on se frotte les mains : « Je pense que c'est une bonne chose pour Fougères, parce qu'on voit que ces systèmes fonctionnent et que ça correspond à un réel besoin post-Covid. Une ville comme la nôtre n'est pas un choix au hasard, il n'y a certes que 20 000 habitants, mais leur nombre double quand on compte les villes des alentours[2] », explique Isabelle Collet, adjointe au maire en charge du commerce.

On le constate effectivement : la sélection des villes candidates suit une liste de critères plutôt stricts. Les plateformes s'intéressent en premier lieu au nombre

1. Entretien avec l'auteur, le 10 septembre 2020.
2. Entretien avec l'auteur, le 5 octobre 2020.

d'habitants : « En dessous de 10 000, c'est sans doute trop peu. Mais, à partir de 20 000, là on passe un seuil intéressant », explique l'ancien cadre. Elles étudient ensuite les différentes tranches d'âge de la population, car tout le monde doit être concerné par la marque. Enfin, le plus important : les catégories socioprofessionnelles des futurs consommateurs. « Il faut qu'il y ait un peu de tout, des ouvriers comme des cadres. Mais, surtout, il est important d'avoir un bassin d'étudiants si possible, car ils seront les livreurs dans un premier temps, et par ailleurs des gros clients de ces services », précise notre source.

Une fois ces critères remplis, les plateformes vont s'intéresser aux restaurants de la ville candidate. Ils commencent par lister les grandes chaînes présentes. Avec, pour absolue priorité, de connaître le nombre de McDonald's par millier d'habitants. Depuis que la chaîne américaine a noué des partenariats avec Uber Eats et Deliveroo, elle est devenue le plus gros pourvoyeur de commandes. S'implanter dans une ville qui compte au moins une enseigne du clown Ronald, c'est être quasi certain que l'affaire n'aura pas de mal à démarrer. Suivent les autres fast-foods, KFC et Burger King. Puis toutes les marques de restauration rapide avec lesquelles il existe des partenariats nationaux : Domino's Pizza, La Mie Câline, Subway… Si plusieurs de ces noms existent déjà dans la ville, c'est le jackpot. « Ensuite, il n'y a plus qu'à contacter les autres restaurants du coin », explique l'ancien cadre d'une de ces plateformes.

Quand Jack et Jess ont été approchés par le responsable du développement d'Uber Eats à Paris, ils étaient partagés. D'un côté, ils reconnaissent ne pas être en phase avec les valeurs de l'entreprise ; de l'autre, c'est un bel atout pour rentabiliser les soirées plus calmes à Fougères. « On fait de la vente à emporter, c'est un passage obligé. Les gens veulent ça depuis le confinement, et on n'a pas les moyens de payer un salarié pour livrer », affirme Jess.

Voilà trois ans qu'ils ont ouvert leur restaurant de burgers faits maison dans le centre-ville, et l'affaire marche plutôt bien. Sur la devanture de leur boutique, on peut lire une grande inscription « Ici tout est fait maison, même le ketchup ». Ils en sont fiers : « On est pas McDo ou les autres chaînes. Nous, on n'a que des produits de qualité et, surtout, on fait tout nous-mêmes. » La plateforme californienne leur propose alors un deal coriace. Comme à toutes les autres enseignes, elle demande 30 % de commission sur le prix final. Jack fait des gros yeux : « C'est énorme... En gros, c'est notre marge, donc on bosse gratuitement ! » À ceci près, leur explique-t-on alors, qu'ils ont la liberté de répercuter ces 30 % sur les prix de la carte en ligne. « Du coup, on a augmenté les prix sur Uber Eats de 20 %. Un burger coûte entre 12 et 14 € au restaurant et entre 14 et 16 € sur l'application », explique Jess. Mais ce n'est pas tout. La firme facture aussi des « frais techniques » : l'achat d'une tablette dédiée, des photographies professionnelles, etc. Au total, il faut compter 600 €, qui seront débités en plusieurs fois. Mais, dans toutes les nouvelles villes comme à Fougères, les restaurants volontaires peuvent n'en payer que la moitié et aussi profiter d'une période d'essai de deux mois – comme dans un contrat salarié.

Au sortir du confinement, à partir du 11 mai, Jack et Jess ont donc allumé la tablette Uber pour la première fois. L'idée était de se remettre un peu le pied à l'étrier après cette période creuse. Et l'expérience ne fut pas très concluante. Ils s'en amusent encore : « À chaque fois qu'on allume, on est obligés de bloquer les commandes et d'éteindre la tablette au bout d'un moment car on ne peut pas suivre. Le nombre de commandes est trop important par rapport à notre activité. On est deux en cuisine, et on doit gérer la salle et la vente à emporter. Ajoutez à ça la livraison Uber Eats, c'est infernal. Et, côté logistique, c'est beaucoup plus compliqué », assure Jess. Selon eux, c'est l'algorithme de l'application seul qui fixe les temps d'attente. « Parfois, il y a marqué 20 minutes, mais c'est plus souvent 45 minutes. Et le client doit patienter… », regrettent les patrons. Ils ont tenté de se prêter au jeu plusieurs fois, mais, pour l'instant, l'appareil reste éteint dans un tiroir. Résultat, sur l'application on peut lire « momentanément indisponible » sous le nom du restaurant. « Paradoxalement, on a essayé de l'allumer pendant les matchs de foot, quand on n'avait personne. On s'est dit que, puisqu'il y avait le partenariat entre Ubert Eats et la Ligue 1, il y aurait peut-être du monde. En fait, ça n'a rien changé… », s'étonne Jess.

À Fougères, Uber Eats est surtout confrontée à un problème de main-d'œuvre : il n'y a pas assez de livreurs pour toute la ville. Pour l'instant, selon Jack et Jess, ils sont quatre à tourner régulièrement. Mais, puisqu'ils sont indépendants, ils gèrent leur temps comme bon leur semble. Certains soirs ou midis, il se peut qu'aucun d'entre eux ne travaille et que le service soit complètement indisponible. À d'autres moments, si un seul d'entre eux roule, il ne peut prendre qu'une commande à la fois, ce qui limite considérablement le service et rallonge démesurément les délais de livraison.

Sur l'application, ce jour-là, impossible d'ailleurs de commander un repas. La moitié des enseignes sont « momentanément indisponibles » ; sous les autres, il est inscrit « aucun livreur à proximité ».

Pour recruter de nouveaux coursiers, la société a donc fait appel à son réseau de restaurateurs. Sur le comptoir de l'établissement de Jack et Jess, une grosse pile de prospectus. Côté pile, il est inscrit en lettres capitales « Gagnez de l'argent avec Uber Eats ». Avec pour arguments : « Connectez-vous quand vous le souhaitez. Profitez d'un complément de revenus attractif, payé à la semaine. Découvrez votre ville. » Et, côté face, le détail des quatre étapes pour s'inscrire. Les deux restaurateurs s'en amusent : « Ça va finir directement à la poubelle. C'est pas notre boulot de distribuer ça aux gens... » Ils affirment regretter le prosélytisme de la firme californienne. « Aujourd'hui, on a reçu un énième mail, par exemple... » Ils le lisent à haute voix : « Participez à l'opération un plat acheté, un gratuit et profitez en échange d'une opportunité de mise en avant dans l'application et d'un plan média ! » Puis ils éclatent de rire : « Qu'est-ce que vous voulez qu'on fasse de ça ? »

Malgré toutes ces critiques, ils ne savent pas encore s'ils vont stopper l'aventure Uber. Avec la crise, ils ne souhaitent prendre aucun risque et surtout ne louper aucune opportunité.

*
* *

Le plus étonnant, lorsqu'on regarde une carte du département d'Ille-et-Vilaine, c'est de constater qu'Uber Eats s'est aussi implanté 50 kilomètres plus au sud, à Vitré, ville jumelle de Fougères, en superficie comme en nombre d'habitants. Là-bas, quand on regarde la liste des restaurants disponibles, on comprend rapidement les raisons qui ont motivé ce choix : deux McDonald's dans l'est et dans l'ouest, une enseigne La Mie Câline, un Subway, un Domino's Pizza... Bref, tous les arguments qui garantissent un développement rapide et croissant de l'activité. Encore faut-il, une fois de plus, qu'il y ait assez de livreurs.

Ce jour-là, comme à Fougères, impossible d'y commander un plat à emporter le midi et le soir. Dans les rues, pas la trace d'un sac carré Uber Eats à l'horizon. Au restaurant Le Kidney, sur la place de la République, en centre-ville, on s'en étonne. Le patron affirme que c'est courant, et qu'il voit tout de même cette opportunité d'un bon œil. « J'ai beaucoup voyagé, donc je connaissais bien Uber. On a ouvert le restaurant il y a un an, donc on s'est dit que c'était un bon moyen de se faire connaître. C'est une société controversée, mais ça a été assez révolutionnaire dans le monde », assume-t-il. Pour sa part, il ne s'est pas embarrassé de la question des prix : « Nous, on a carrément décidé de répercuter leur commission de 30 % directement sur la carte. Donc ça ne change rien... » Il l'assure aussi, les soirs où ça fonctionne, « dès qu'on allume la tablette ça n'arrête pas de sonner ». Un effet d'aubaine : « On était étonnés que les gens commandent même si c'est plus cher sur Uber. Du coup, on s'est dit qu'on allait augmenter les prix de la carte prochainement sur place aussi, qu'on avait cette marge-là... », explique-t-il.

Selon lui, l'activité de la plateforme n'a pas sensiblement modifié les choses à Vitré. Peut-être cela a-t-il donné un coup de pouce.

Dans toutes les petites et moyennes villes où les plateformes se sont installées, elles sont pourtant confrontées aux mêmes problématiques. Si elles trouvent facilement des enseignes de restauration rapide pour développer leurs services, partout elles manquent de livreurs et de restaurants classiques. Ainsi, quelques mois après leur lancement, les médias locaux font le constat d'un service défaillant ou absent. « Après deux mois à Vitré, Uber Eats manque cruellement de livreurs et de restaurants », titrait *Ouest-France* début septembre 2020. À l'inverse, dès que des coursiers sont disponibles, les restaurateurs, peu habitués à la cadence quasi industrielle qu'exige cette activité, sont paniqués face à l'afflux monstrueux de commandes.

Conscients de ce décalage récurrent entre l'offre et la demande, Uber Eats souhaite à tout prix développer sa flotte de travailleurs dans ces villes. En utilisant son mode de fonctionnement habituel : « Uber Eats prend tout le monde, offre un pont d'or quand ils manquent de livreurs. Et ensuite, quand ils en ont assez, c'est marche ou crève, ils baissent les prix », observe un livreur à Saint-Malo.

Pour recruter en masse, les services de la plateforme se sont donc récemment rapprochés de… Pôle emploi et de ses antennes locales. Sur la page Facebook de l'agence de Vierzon, par exemple, on peut lire : « Vous recherchez un complément de revenus ou une activité à temps plein, avec la liberté d'exercer quand et où vous le voulez ? Participez à la prochaine réunion d'information collective, le 24 juin à 14 heures, dans les locaux du Pôle emploi de Vierzon. » Ou encore sur celle de Pôle emploi Grand Nancy : « Vous possédez un vélo et souhaitez effectuer des livraisons avec Uber Eats ? Inscrivez-vous dès maintenant à la réunion d'information pour devenir coursier indépendant.» Sur les sites des différentes antennes, on retrouve régulièrement ces annonces. Est-ce leur rôle de promouvoir le travail indépendant... et précaire ? Les acteurs locaux s'émeuvent de ces initiatives. La CGT-Chômeurs du Morbihan avait par exemple dénoncé : «Ce n'est pas le travail de Pôle emploi de proposer de créer son entreprise. Son boulot, c'est de proposer des emplois salariés.» Du côté de Pôle emploi, on assume pourtant la posture. «Uber crée de l'emploi», est-il écrit dans un des billets publiés sur un des blogs de l'agence.

Au sein de ces territoires, les résidents redoutent tout de même que l'arrivée de ces géants ne fragilise encore davantage leur quotidien. Certains riverains des restaurants pointent déjà les nuisances sonores et la pollution que génèrent des scooters qui troublent leur tranquillité jusque tard dans la nuit – du moins hors confinement et couvre-feu.

Beaucoup de ces villes et leur périphérie ont aussi souffert de la disparition des commerces de centre-ville, causée par l'émergence des zones industrielles et commerciales regroupant les grandes enseignes dans les années 90. On y craint désormais que le développement de l'activité des plateformes ne soit encore plus dévastateur : «Avant, les gens voulaient tous aller chez Conforama le samedi. Maintenant, ce à quoi ils aspirent, c'est rester chez eux et tout recevoir sans bouger...», s'inquiète un restaurateur à Vitré.

Certains de ses collègues d'autres petites cités regrettent également d'être contraints d'adopter la livraison. À Albi, dans le Tarn, par exemple, face au succès que rencontrent ces nouveaux services, des patrons, cités par France Bleu, concèdent qu'ils n'ont eu d'autre choix que d'y souscrire. «C'est une nouvelle manière de consommer de la restauration», estime Patrice Combes, le patron depuis seize ans du Jorca, une pizzeria à Lescure-d'Albigeois, une commune proche. Un soir, il a croisé sept vélos Deliveroo dans les rues d'Albi et a été convaincu : «Mon fils m'a dit : "Papa, il faut faire Uber Eats, sinon, ça va coincer un jour ou l'autre."»

D'autres redoutent de se faire grignoter progressivement par les grosses chaînes sous le jeu de l'algorithme.

Ouest-France rapportait ainsi, le 11 mai 2020, qu'à Vannes, la pizzeria La Nonna Lila a accepté de nouer un partenariat avec Uber Eats malgré les conditions imposées. Au bout de quelques semaines, pourtant, sa patronne s'est étonnée de ne plus recevoir de commandes. Elle a donc demandé des éclaircissements à un livreur qui passait par là. À sa grande surprise, elle a alors découvert qu'ils pouvaient arbitrairement refuser de livrer certaines enseignes au profit d'autres. Ainsi, ils se concentrent sur les plus rentables pour eux, celles qui génèrent le plus de commandes. Et, là encore, c'est le rouleau compresseur McDonald's qui l'emporte. «Quand on va chez McDo, on peut prendre plusieurs commandes en une seule fois. Et ensuite aller les livrer les unes après les autres sans être obligé d'y retourner… Alors que, généralement, dans les restos du centre-ville, on retire une seule commande à la fois», explique le livreur avec une logique implacable.

À Fougères, Jack et Jess s'interrogent eux aussi sur la disproportion des forces en présence dans leur face-à-face avec ces mastodontes venus de Californie. À une époque où l'on parle sans cesse de redévelopper l'échelon local, voir des multinationales débarquer en force dans les territoires pour prendre 30 % de commission sur des activités de bouche ne sucite pas forcément l'enthousiasme. Avec la ville voisine de Vitré et d'autres aux alentours, ils souhaiteraient la création d'une plateforme locale. Ils ont même soufflé l'idée à leurs élus locaux. «C'est peut-être ça, l'avenir de nos petites villes...», espèrent-ils. Ils promettent que, «si ça se fait», ils seront «prêts à payer le prix pour soutenir une initiative locale».

Preuve que c'est possible, à Saint-Malo, Tac-Tac City a déjà vu le jour. Benoît Gonce, un livreur auto-entrepreneur, a fondé cette plateforme de livraison qui propose les mêmes services mais ne travaille «qu'avec des petits restaurants, pas avec les grandes chaînes». La commission prélevée est de seulement 5 %, ce qui profite au restaurateur et aux coursiers. «Il faut raccourcir les circuits, il doit y avoir des initiatives locales dans les secteurs de la livraison et de la restauration. Nous, on travaille aussi avec des auto-entrepreneurs, parce que le statut offre une grande liberté pour faire autre chose, mais on veut leur offrir de bonnes conditions. Le problème, c'est quand ce statut remplace le salariat», assure le fondateur, qui a ouvert une antenne à Vannes, dans le Morbihan, l'été dernier[1]. Dans le nord du département, Tac-Tac City a déjà noué des partenariats avec cinq restaurants, bientôt sept.

Benoît Gonce l'assure, un réseau dense est déjà en train de se tisser en réponse aux multinationales. À Strasbourg ou à Bordeaux, d'autres ont créé des alternatives sur un autre modèle, celui des coopératives, qui permet une mixité vertueuse entre le salariat et l'indépendance. Dans ce mode d'organisation, les livreurs ont le contrôle des prix qu'ils fixent. Ils ont aussi plus de

1. «À Saint-Malo, Tac-Tac City est un nouveau service de livraison de repas à domicile», France Bleu Armorique, le 6 juillet 2020.

protection. Après avoir lancé le premier syndicat CGT de coursiers à vélo en Gironde, Arthur Hay, Théo Meltz et Arthur Petitjean ont ainsi donné naissance, en octobre 2017, aux « Coursiers bordelais », une société de livraison de colis à vélo. Les cinq personnes qui y travaillent en CDI sont par exemple payées au Smic et bénéficient de huit semaines de vacances par an. Elles sont à parts égales dans la coopérative, peuvent choisir les clients qu'elles livrent, et la structure leur rembourse leurs frais de matériel. Très loin, donc, de l'univers impitoyable des plateformes multinationales. À Nantes, l'association de livraison locale Naofood prend aussi de l'envergure et à Strasbourg, la coopérative Kooglof propose une alternative depuis novembre 2020.

Le mouvement semble amorcé. Dans nos villes, la révolution sera locale ou ne sera pas…

9

Comment l'ubérisation perturbe nos métropoles

Il faut observer une grande ville le soir du premier jour de l'année. Le 1er janvier, lorsque la France entière a la gueule de bois et peine à s'extraire de son canapé, on a tous le même réflexe primaire : commander à manger. Les compteurs des applications explosent alors, et les livreurs, à scooter ou à vélo, grignotent les rues des métropoles comme un essaim d'abeilles autour de sa ruche, offrant un curieux spectacle.

Prenez la rue Oberkampf, par exemple, dans le XIe arrondissement de Paris. Une longue artère rectiligne d'immeubles haussmanniens jalonnée de bars, boîtes et restaurants qui relie la capitale des « bobos » au quartier populaire de Ménilmontant, celui de Piaf ou de Trenet. Un repaire incontournable pour n'importe quel jeune de moins de 30 ans désireux de faire la fête. On y déguste toutes les saveurs : mexicain, libanais, asiatique, sushis, burgers, kebabs, pizzas… Pendant un temps, cette rue a même abrité un restaurant de Phorito, mélange hasardeux d'un Pho, soupe vietnamienne à base de nouilles de riz, et d'un burrito, préparation culinaire mexicaine (n'essayez pas, c'est infect).

Avec le développement des plateformes de livraison, ces cinq dernières années, le coin a vécu sa mue. Des officines de grandes chaînes de restauration s'y sont installées, remplaçant parfois de plus petits commerces. Le changement n'a pas été un bouleversement, il s'est fait de façon discrète et sourde. Ici, au 126, un bar de quartier a été remplacé par une enseigne de restauration rapide vietnamienne. Là, au 121, un Subway, puis une chaîne de street food thaïlandaise ont pris successivement la place d'un vieux pressing. Sur la devanture du tout nouveau restaurant, comme sur bien d'autres dans la rue, il est désormais écrit en grandes lettres : « Take Away ». Un argument de vente majeur pour ces nouvelles boutiques. En déménageant ici, la plupart des chaînes ont en effet noué des partenariats avec les différentes plateformes, parfois plusieurs à la fois. Le calcul est vite fait : malgré les commissions, leur rendement s'en trouve augmenté. Les échoppes servent donc non seulement de lieu de restauration, mais aussi de cuisine pour des plats livrés dans tout le nord-est parisien.

Comme dans les petites villes de province, le phénomène a poussé les petits restaurateurs du coin à suivre le mouvement. « Qu'est-ce que vous voulez qu'on fasse d'autre ? On n'a pas le choix, on doit s'adapter. Les gens veulent ça, maintenant, alors on fait ça. Mais on n'allume pas la tablette tout le temps, heureusement… » glisse le patron d'un kebab voisin qui souhaite rester anonyme. La rue Oberkampf est ainsi rapidement devenue un lieu de passage, plus seulement pour les fêtards et les riverains, mais aussi pour les livreurs. Sa localisation est idéale pour eux : assez centrale, au cœur d'un arrondissement à la mode, là où les classes moyenne et supérieure sont susceptibles de passer de nombreuses commandes, surtout le soir et le week-end.

Mais l'essor des plateformes a surtout contribué à modifier les façades des lieux de bouche. En raison de l'affluence importante de coursiers qui doivent côtoyer la clientèle venue consommer sur place, bon nombre d'entre eux ont dû trouver un moyen de concilier les deux publics sans que les portes ne s'ouvrent sans cesse. La solution est arrivée tout droit des restaurants américains : les patrons ont déplacé les cuisines de l'arrière-salle à la vitrine. Ils ont installé de grandes fenêtres coulissantes permettant de faire passer les sacs en papier remplis de nourriture directement à l'extérieur. Ainsi, les livreurs restent dehors, et les clients peuvent profiter tranquillement de leur repas. On observe donc désormais, rue Oberkampf comme ailleurs, un alignement d'enseignes sur le même modèle : une grande fenêtre coulissante sur le côté et des coursiers qui patientent devant.

De nouveaux lieux d'attente sont également apparus dans l'espace public. À défaut de pouvoir se mettre au chaud ou de se regrouper dans une salle commune, les livreurs se rejoignent souvent sur les places des grandes villes. En attendant que « le téléphone sonne », ils socialisent, parlent de tout et de rien, comme le ferait n'importe quel travailleur sur son temps de pause. Partout où il y a de l'espace un peu plus large qu'un trottoir, on trouve aujourd'hui des coursiers rassemblés. Certains soirs, on en voit plusieurs dizaines assis sur leurs scooters à l'arrêt. Mais ne vous y trompez pas : le choix de ces lieux ne se fait pas au hasard. Il y a le plus souvent, près de ces places, un ou plusieurs fast-foods. Depuis qu'Uber Eats et Deliveroo ont noué des partenariats avec des grandes chaînes de restauration rapide comme McDonald's, Burger King ou KFC, celles-ci représentent plus d'un tiers des commandes. Se placer près d'une de ces enseignes, c'est donc l'assurance d'avoir des plats à livrer rapidement et ce à n'importe quelle heure de la journée (car oui, il y a des gens qui commandent un McDo à 10 heures du matin !). À Paris, on retrouve de telles configurations notamment à République, place d'Italie ou à Stalingrad ; à Lille, sur la Grand-Place ; à Montpellier, place de la Comédie, etc. L'hiver, les livreurs changent parfois de lieu de prédilection pour se regrouper plutôt près des bouches d'aération du métro, qui soufflent de l'air chaud…

Le soir du premier jour de l'année, donc, quand la ville est vidée de ses habitants, ces mutations sont plus visibles que jamais. Dans les rues festives comme à Oberkampf, les fêtards ne font plus la queue pour entrer en boîte, ce sont les livreurs qui patientent en file devant les fenêtres coulissantes des restaurants, casque sur la tête. Des cuisines sortent des dizaines de sacs en papier remplis de plats. Dans la rue, il n'y a quasiment personne, hormis les restaurateurs et les coursiers. Seul le vrombissement des scooters au démarrage accompagne les maux de crâne d'un lendemain de fête.

*

* *

Depuis son appartement du XIXe arrondissement de Paris, Rafael Pardillo, un danseur professionnel de 50 ans, entend tous les matins dès 7 heures le brouhaha des livraisons à deux-roues. Le jour de notre rencontre, ça l'a même réveillé. « J'ai aussi entendu les chariots de produits frais dévaler sur les pavés et les portes des camions de livraison qui claquent », s'agace-t-il.

Le riverain s'est installé au deuxième étage de cet immeuble des années 30 en 1997. Au moment de son arrivée, il y avait un grand magasin de vente de matériel pour le bâtiment et l'agriculture au rez-de-chaussée. « Mais tout ce qu'on entendait, c'était la grille qui s'ouvrait à 10 heures et qui se fermait à 19 heures... », se souvient-il. En janvier 2020, la boutique a fermé définitivement et a rapidement été remplacée par une autre société, dont le nom s'est affiché sur la boîte aux lettres dans le hall : « Frichti ».

Cette plateforme de livraison, on l'a dit, a la particularité de préparer ses propres repas dans ses locaux et non dans des restaurants « partenaires », comme ses concurrents. Il y a donc toute une logistique à organiser : s'approvisionner en produits frais, les cuisiner, préparer les commandes et les transmettre aux livreurs. Tout cela tourne sept jours sur sept, sans jamais s'arrêter. Pour assurer un fonctionnement optimal, Frichti a eu besoin de locaux situés à plusieurs points stratégiques de la capitale, qu'ils appellent des « hubs ». « Manque de chance » pour Rafael Pardillo, la start-up a choisi de s'installer au rez-de-chaussée de son immeuble.

Selon les autres résidents, Frichti est arrivée dans le bâtiment comme ces sociétés le font partout où elles débarquent : sans prévenir. Sur la façade, la société n'a collé ni enseigne ni affiché de nom, seulement installé de grandes vitres opacifiées derrière lesquelles on peut entrevoir des sacs de livraison posés les uns derrière les autres sur une table. Au-dessus de ces vitres, les pancartes de l'ancien magasin ont été conservées : « Énergie solaire, tracteur agricole, groupe électrogène ». Par une porte dérobée, constamment ouverte sur la rue, les livreurs entrent et sortent en permanence.

« Ça fait un peu atelier clandestin, quand même », ironise un habitant de l'immeuble.

Depuis janvier 2020, la liste des soucis des riverains liés à l'installation de Frichti s'est allongée. Les résidants tiennent le décompte. La journée, il y a les nuisances des livraisons de repas, donc. « Certains attendent sur le trottoir, à n'importe quelle heure, on les entend téléphoner ou se bagarrer parfois », explique le danseur professionnel. Le matin, des camions viennent approvisionner le « hub » en produits frais. « Imaginez que, chaque matin à 7 h 30, vous soyez réveillé par des caisses qui s'entrechoquent et des coups dans les murs qui résonnent dans tout l'immeuble pendant vingt minutes », décrit un autre voisin, Thomas. Mais surtout, ce dernier l'a rapidement constaté : la société a fait installer une grande chambre froide pile sous son plancher. Elle tourne jour et nuit en produisant un bruit incessant et désagréable, perceptible dès que l'on pénètre dans la cage d'escalier, comme si plusieurs machines à laver étaient en même temps perceptibles sous le sol de la chambre de Thomas, au premier étage. « Ma compagne et moi-même habitons ici depuis six ans et, depuis janvier, nous vivons littéralement au-dessus d'un entrepôt. L'été, avec la hausse des températures, on entend en plus le bourdonnement des climatiseurs, surtout la nuit », regrette-t-il. L'hiver, en revanche, le plancher est refroidi par ce grand frigo situé juste sous leurs pieds, et il faut chauffer encore plus. « Aux premier et deuxième étages, on est les plus touchés par les nuisances, mais tous les voisins sont excédés », assure Rafael Pardillo. Beaucoup d'entre eux disent avoir des migraines quotidiennes, qui se sont accentuées pendant le confinement lorsqu'ils sont restés bloqués à domicile et que l'activité de Frichti a redoublé d'intensité. Thomas, lui, se dit complètement désemparé par la situation, qui ne le laisse jamais tranquille. « Est-ce qu'une activité comme celle-là a vocation à atterrir dans un immeuble comme le nôtre ? On est en droit de s'interroger, tout de même... », avancent ses voisins.

Alors, plutôt que de subir la situation, ils mènent un combat qu'ils savent un peu vain. Rafael a contacté plusieurs fois la mairie. Là-bas, on lui a suggéré de déposer une main courante au commissariat. Ce qu'il a fait, à plusieurs reprises, avec d'autres résidents. Depuis, un agent de la municipalité est venu constater le litige, mais rien n'a bougé pour le moment – ou presque. « Quand on a fait la visite, le bruit s'est arrêté... C'était sans doute un hasard, mais ça nous a gênés, on a eu l'impression de faire déplacer des gens pour rien, alors que le problème est bien réel », regrette Rafael Pardillo. Récemment, la start-up a tout de même pris en compte certaines des plaintes. Elle a fait poser une épaisseur en mousse sur le sol pour amortir le bruit des chariots le matin. Une mince consolation pour les riverains. « C'est mieux que rien, même si on entend encore le bruit, car ça n'empêche pas tout le reste. Ils se disent peut-être qu'ils ont fait le nécessaire... », souffle le danseur.

Beaucoup des voisins de l'immeuble se disent néanmoins désemparés par les méthodes utilisées : « C'est un peu le principe du Blitzkrieg. Ils s'installent dans un quartier populaire du jour au lendemain, mettent tout le monde devant le fait accompli et espèrent rester sur place le plus longtemps possible », regrette Thomas. Dans les mois à venir, le syndic de copropriété va s'engager dans des procédures judiciaires à l'encontre de Frichti, un dossier est en train d'être constitué.

Du côté de l'entreprise, que nous avons contactée, on se refuse pour l'instant à commenter cette affaire.

*

* *

À l'avenir, ce modèle de « hubs » installés directement au pied des immeubles pourrait bien devenir la norme. D'autres plateformes, comme Deliveroo, explorent cette possibilité. La firme anglo-saxonne a lancé en 2016 le principe de grandes cuisines au sein des villes, exclusivement dédiées à la livraison et surnommées *dark kitchens*. À l'origine, elle a investi des conteneurs dans la périphérie de Londres pour que certaines enseignes qui cartonnent puissent produire en plus grosses quantités. Ce dispositif fut rapidement sujet à controverse, en raison des conditions d'insalubrité présumées et de la concentration des allers-retours à scooter dans ces zones.

En France, ces cuisines d'un nouveau genre débarquent en juillet 2018, précédées de cette sulfureuse réputation. Plusieurs restaurants se lancent dans l'aventure, des locaux ouvrent à Saint-Ouen, en Seine-Saint-Denis, suivis d'autres un peu partout dans l'Hexagone.

Yan[1], un jeune homme de 29 ans, s'est par exemple lancé dans l'aventure début janvier 2020 à Lyon. Diplômé d'une école de commerce, fils de restaurateurs, c'était pour lui « une suite logique ». « J'ai une haine envers le salariat, à chaque job que je faisais je me disais que ce n'était pas fait pour moi. Et puis j'ai vu un article sur les dark kitchens à Londres en 2018... » L'idée fait son chemin : « Je me disais : tu sais faire de

1. À sa demande, son prénom a été modifié.

la cuisine, tes parents aussi, t'as une formation pour créer ton entreprise… Alors, je me suis mis à chercher un local pendant neuf mois.» Une fois le bon lieu déniché, il se lance, avec au menu de la «cuisine asiatique» : bobun, bibimbap, nems, etc. L'affaire marche bien, notamment parce qu'il n'a pas à gérer la clientèle en direct.

En toute logique, ces cuisines font rapidement de l'ombre aux restaurants traditionnels installés alentour, incapables de s'aligner sur les prix. À Londres, en octobre 2017, le quotidien *The Guardian* rapportait dans ses colonnes qu'un restaurateur italien voisin d'une dark kitchen avait vu son chiffre d'affaires baisser drastiquement et ses livraisons diminuer de moitié en raison de la concurrence de ces cuisines à bas prix.

Un ancien cadre d'une de ces plateformes défend tout de même le modèle pour les grandes villes : «Ces cuisines, c'est en partie l'avenir. Avant la crise sanitaire, les gens allaient au resto pour partager un moment, pour se retrouver dans une certaine atmosphère. Aujourd'hui, ils ont envie de retrouver ça, mais sont contraints de le faire chez eux… », assure-t-il.

*

* *

Avec cet essor de l'activité des plateformes dans le cœur des métropoles, on observe un mouvement d'aller-retour quasi permanent entre l'intérieur et l'extérieur des rocades. Un phénomène que l'on constatait déjà avant la «révolution numérique», mais qui s'est encore accentué ces dernières années : la précarisation de ces métiers a fait venir dans les hyper-centres des travailleurs de lointaine banlieue. Bon nombre d'entre eux vivent désormais à 50, parfois 100 kilomètres en périphérie. Ils viennent en ville travailler pour ceux qui y résident, les classes moyenne et supérieure principalement, puis repartent en banlieue le soir venu.

On observe aussi ce phénomène hors de France, dans d'autres pays européens où l'ubérisation est bien installée. À Milan, pendant le confinement, une vidéo postée sur les réseaux sociaux par le collectif Deliverance Milano montrait par exemple le quai d'une gare fourmillant de livreurs à vélo. Ils y attendaient un train en direction de la banlieue. « Ils doivent parfois en laisser passer plusieurs. Certains conducteurs refusent de les laisser monter, quand il y a trop de monde. D'autres décident que les vélos ne sont pas autorisés », expliquait Angelo, représentant du collectif, dans les colonnes de *Libération* en avril 2020.

Travailler pour un algorithme est un paradoxe : s'ils viennent de loin pour œuvrer dans les centres-villes au petit matin, les livreurs font parfois le chemin inverse à deux-roues durant la journée pour leur service. À partir de 2017, Uber Eats, Deliveroo et consorts ont repoussé leurs frontières au-delà des rocades des grandes villes, afin d'attirer toujours plus de clients. Certains résidents de banlieue ont ainsi pu bénéficier de la même offre – ou presque – que ceux de l'hypercentre. Les livreurs, eux, regrettent de devoir parcourir toujours plus de kilomètres en une journée.

L'une des premières conséquences de l'élargissement des zones de livraison fut l'abandon du vélo au profit du scooter, jugé plus adapté aux longues distances. Mais aussi plus bruyant et plus polluant. À cela s'est ajoutée l'insécurité des courses dans les zones des métropoles où un tel passage quotidien n'avait pas été prévu : près des autoroutes, dans les zones industrielles et commerciales ou dans des quartiers réputés « difficiles ». Sur les réseaux sociaux, on a ainsi vu des images de coursiers perdus avec leur vélo sur le périphérique, alors qu'ils tentaient de trouver le chemin le plus rapide pour livrer en banlieue. Elles ont servi d'argument à ceux qui redoutent que l'allongement des distances ne vienne augmenter encore le nombre d'accidents. « Les accidents, il y en a toujours eu. Le problème, c'est qu'ils sont plus graves en banlieue que dans les grandes villes, car les voitures sont moins habituées aux livreurs et les vitesses moins limitées », appuyait Jean-Daniel Zamor, le président du Clap, dans *Libération* en juin 2019.

En janvier de la même année, Franck Page, un lycéen de 18 ans, est devenu le symbole de cette dérive. Le jeune homme vivait dans la région Aquitaine avec sa famille, arrivée de Côte d'Ivoire en 2002. Étudiant en économie à l'université de Bordeaux, il livrait à scooter pour Uber Eats, quand il a été écrasé par un camion. Les représentants des travailleurs ubérisés et les proches ont immédiatement pointé du doigt l'algorithme de la multinationale. Car l'étudiant se trouvait à Pessac Saige-Ladonne, au niveau de la bretelle d'entrée de l'A630, dans le sens extérieur de l'échangeur 14. Là où « un livreur n'aurait pas dû se trouver », ont regretté les représentants syndicaux. Le conducteur du poids-lourd, peu habitué à croiser ce genre de véhicules dans cette zone, ne l'a pas vu dans son rétroviseur. La mort de ce jeune homme, largement médiatisée, a marqué un tournant dans la lutte contre les déviances des algorithmes. Franck est aussi devenu depuis l'incarnation de la précarité étudiante dans les grandes villes.

En mai 2019, à Londres, les livreurs de plateformes ont à leur tour pleuré la mort d'un de leurs collègues, un père de famille sud-américain. Il a été frappé à coups de marteau par une bande de jeunes qui tentaient de lui voler son scooter pendant son service. Pour les syndicats, la faute revenait aux applications, qui poussent les travailleurs à se rendre dans des quartiers « difficiles », la nuit, où ils s'exposent à ce genre d'agressions. Ce livreur fut la énième victime d'un système instable et aveugle : les algorithmes ne voient pas la ville comme nous autres humains, avec ses risques, ses distances et ses perspectives, mais plutôt comme une source de profits potentiels plus ou moins élevés selon les données qu'ils analysent. Et cela ne risque pas de s'arranger dans les années à venir, bien au contraire. L'automatisation accrue de ces fonctions et l'arrivée de la voiture autonome font craindre une totale dépossession de la ville au profit des algorithmes qui piloteront les véhicules et les services à distance.

Pour lutter contre le phénomène, le Conseil de Paris a pris en décembre 2020 une initiative simple, mais qui pourrait à terme inverser le rapport de force. Dans le XVIIIe arrondissement, une « Maison des coursiers » va être créée : un espace où les livreurs, jusqu'à présent contraints de patienter dans la rue, pourront se changer, aller aux toilettes, recharger leur téléphone, mais aussi « rencontrer des syndicats, des associations d'aide à l'emploi ou aux sans-papiers », explique Barbara Gomes, juriste siégeant au Conseil, en charge de l'initiative. Ce type d'innovation pourrait bien, comme dans les petites et moyennes villes, bouleverser la donne. Car, si des idées foisonnent dans ce nouveau lieu d'échanges, « des villes comme Paris pourraient très bien s'attribuer de nouveaux rôles et réaliser des livraisons avec de nouveaux acteurs qui soient responsables socialement », envisage Barbara Gomes, également élue PCF.

Une façon intéressante de reprendre la main sur le développement anarchique des plateformes.

10

Ces entreprises qui nous ont tous rendus accros !

Vous quittez un dîner avec des amis, il est tard. Au moment d'enfiler votre manteau, vous sentez la flemme monter en vous. Il faut braver le froid, vous avez un peu bu, bien mangé... La solution est toute trouvée, vous tenez dans votre main votre téléphone. Vous le déverrouillez, et votre pouce touche presque instinctivement l'application Uber. La somme qui s'affiche ce soir-là ne vous effraye pas vraiment, c'est le prix de la tranquillité. Voiture commandée, chauffeur en bas de l'immeuble en cinq minutes et vous serez dans votre lit dans moins de trente, dents brossées. De la magie, ou presque...

En menant cette petite révolution de notre quotidien, les plateformes ont transformé nos manières de consommer. Rien n'est fait au hasard : pour se glisser dans tous les interstices de notre vie, elles ont étudié au plus près les comportements des citoyens, des livreurs, mais aussi des autorités des pays où elles s'implantaient.

Ces plateformes de l'ère Uber peuvent facilement être rangées dans la catégorie des entreprises de l'économie « du partage ». Comme leurs proches cousines

Airbnb ou BlaBlaCar, elles ont encouragé des inconnus à partager des services (voitures, maisons, repas), en « facilitant la confiance entre eux via une plateforme ». Pour cette raison, l'utilisateur est la pièce maîtresse du service, à la fois consommateur et contributeur. C'est en tout cas la théorie de Ryan Calon et Alex Rosenblat, maîtres de conférences en droit et auteurs de l'étude « The taking economy : Uber, information and power »[1].

On trouve les prémices de cette économie « collaborative » dans les années 50, notamment aux États-Unis. À cette époque, des travailleurs installés en banlieue partagent des voitures pour se rendre en ville jusqu'à leurs bureaux. À la fin des années 90, cette économie va encore se développer avec l'expansion d'Internet. Cette nouvelle technologie permet plus facilement à deux inconnus ayant un intérêt commun d'entrer en relation. En 1995, les sites eBay et Craigslist voient le jour outre-Atlantique, avec pour objectif de permettre à chacun de vendre de vieux objets. Au départ, le principe de l'économie du partage est louable : tout le monde est placé à égalité – vendeurs, acheteurs, covoitureurs –, sans lien de subordination. L'idée est simplement de faciliter la vie de chacun et de consommer différemment. Mais l'année 2007 marque un tournant. Avec la crise financière, « la perspective que l'économie du partage génère de nouvelles opportunités de revenus plus flexibles est particulièrement excitante face à l'inquiétude de voir les opportunités économiques diminuer », écrivent Calon et Rosenblat. Elle va donc se professionnaliser, créer de nouveaux métiers et donner naissance à Uber, Lyft[2] et Deliveroo. L'économie du partage va ainsi peu à peu perdre son essence au profit de relations subordonnées

1. In *Columbia Law Review*, n° 117, 2017.
2. Comme Uber, Lyft est une application de voitures avec chauffeur.

et professionnelles. Ce qui amène à se poser cette question : et si, finalement, Uber et toutes les autres étaient les enfants d'une mère qu'ils auraient, à la manière de certaines araignées, fini par dévorer en entier pour mieux pousser ?

*

* *

Quoi qu'il en soit, pour les nouvelles plateformes aussi, l'utilisateur est toujours au centre du dispositif. Elles sont conçues pour anticiper vos comportements – tout ce qui explique que vous ayez, dans certaines situations, le réflexe de sortir votre téléphone pour commander une voiture ou un repas italien. Elles vont d'ailleurs profiter de vos contributions en tant qu'utilisateur pour améliorer leurs services et vendre toujours plus. « Les entreprises d'aujourd'hui étudient sans relâche le comportement des consommateurs et utilisent ce qu'elles découvrent pour maximiser leurs résultats. C'est vrai dans l'économie traditionnelle. Des produits coûtent 9,99 $ parce que les entreprises exploitent un biais cognitif qui amène les consommateurs à percevoir le prix comme plus proche de 9 $ que de 10 $. Les épiceries placent les céréales sucrées au niveau des yeux des tout-petits[1] », assurent Ryan Calon et Alex Rosenblat.

Les start-up que sont Uber, Lyft ou Deliveroo n'ont pas fait autre chose, bien au contraire. « Lorsqu'une entreprise peut concevoir un environnement à partir de zéro et ainsi suivre le comportement des consommateurs dans cet environnement, les possibilités de manipulation sont légion. Les entreprises peuvent par

1. Ryan Calon et Alex Rosenblat, art. cit.

exemple atteindre les consommateurs les plus vulnérables, les pousser à la surconsommation et facturer à chaque consommateur la somme qu'il serait le plus prêt à payer[1] », poursuivent les deux maîtres de conférences. Contrairement à Facebook, où l'on a conscience que l'on utilise gratuitement des services en échange du stockage et de l'utilisation de données – « si c'est gratuit, c'est que vous êtes le produit » –, sur les applications de l'économie du partage, ce n'est pas si évident. « Les consommateurs supposent que les entreprises de l'économie du partage sont à part, en raison des expériences et du discours différents qui entourent ces services », expliquent Calon et Rosenblat. C'est pourtant loin d'être le cas. Comme toutes les marques ont recours aux traditionnelles publicités nationales au moment des repas, heures de grande écoute, Uber Eats sponsorise aussi la Ligue 1 de football, inscrivant définitivement son nom dans nos cerveaux.

Mais elles usent surtout d'un autre atout majeur pour se rendre indispensables : en regroupant les données concernant le comportement de leurs clients, elles parviennent à proposer de nouveaux services toujours plus proches des désirs de consommation et à améliorer l'existant. « Une entreprise en particulier, Uber, se démarque. Elle nous montre ce qu'un intermédiaire de l'économie du partage pourrait faire s'il était enclin à faire valoir ses avantages de manière agressive », écrivent Calon et Rosenblat.

Certains utilisateurs d'Uber ont par exemple rapporté que l'entreprise pourrait avoir recours à des « voitures fantômes » sur l'application. Au moment de commander une course, ils ont vu de nombreux véhicules circuler

1. *Ibid.*

autour de leur lieu de prise en charge. Mais, à partir du moment où ils ont effectué la commande, les voitures ont disparu soudainement, et le temps d'attente est devenu beaucoup plus long qu'espéré. La chercheuse Alex Rosenblat en a fait elle-même l'expérience, captures d'écran à l'appui. Uber a expliqué à la presse américaine que cela pouvait être dû à des retards de rafraîchissement de l'application. Mais, en définitive, ces fantômes, quelle qu'en soit la cause, peuvent bel et bien pousser à la consommation en surévaluant l'offre disponible. Un écueil que l'on peut comparer à celui des fausses informations sur les réseaux sociaux. « Les fictions centrées autour de l'utilisateur fabriquées pour les flux de Facebook ou de Twitter servent à attirer les désirs et préjugés des utilisateurs et à fournir un contexte pour la publicité. Les *fake news* sont le moteur de Facebook, de même que les *fake maps* sont celles d'Uber », écrit *Le Monde*[1] à ce sujet, citant un post de l'essayiste Nicholas Carr.

Les analystes d'Uber auraient aussi découvert un autre fait intéressant : lorsque leur téléphone affiche un faible niveau de batterie, les clients sont plus susceptibles d'accepter une augmentation du prix de la course. C'est Keith Chen, l'un des responsables de la recherche au sein de la plateforme, qui l'a affirmé dans une interview au média américain public NPR. Selon lui, cela s'explique par une raison simple : la peur de se retrouver bloqués quelque part sans batterie les conduirait à accepter de payer le tarif qu'on leur soumet. Uber a en effet accès aux métadonnées du téléphone, dont le niveau de batterie, qui peuvent permettre à l'algorithme de faire ces prédictions. Ce qui fournit un élément de compréhension intéressant : ces applications pourraient

1. Le 30 avril 2017.

jouer sur nos émotions les plus fortes, notamment la peur qui siège dans notre cerveau reptilien, pour nous pousser à consommer. Mais de son côté, la plateforme assure qu'elle ne recourt pas à ce type de pratique – même si le doute persiste. Là encore, certains utilisateurs confirment sur les réseaux sociaux avoir déjà fait ce type d'expérience sur l'application.

Plus globalement, Uber et les autres plateformes pratiquent une politique de variation des prix en fonction du contexte. Le soir du nouvel an, par exemple, le tarif des courses peut être multiplié par deux, voire par trois. Le professeur en science des données à l'université de Chicago Chris Nosko[1] a mené une observation lors d'un concert de la chanteuse Ariana Grande en mars 2015. Ce soir-là, les prix ont fluctué pendant une période très précise déclenchée par la hausse de deux facteurs : le nombre de demandes à l'instant T (multiplié par 1,2) et celui des personnes qui ont ouvert l'application (multiplié par 2,5 par rapport à l'heure précédente). Pour autant, poursuit le chercheur, la quantité de courses commandées n'a pas particulièrement augmenté sur la période, seulement leur prix. Ceux qui ont sauté le pas ont été guidés par cette même crainte de rester bloqués à un endroit et sans alternative. D'autres sont portés par des émotions qu'ont su déceler les plateformes et qui favorisent le passage à l'acte : anxiété d'un agoraphobe au moment de se retrouver coincé dans une rame de métro bondée après un concert, ou plaisir de prolonger un moment agréable en étant traité comme un prince…

1. Chris Nosko, Jonathan Hall et Cory Kendrick, *The Effects of Uber's Surge Pricing : A Case Study*, University of Chicago Booth School of Business, 2015.

Ces derniers étant plus enclins encore que les autres à ne pas regarder à la dépense !

Fait édifiant : au nouvel an 2015, Uber a été frappée par un incident technique à New York. Durant vingt-six minutes, la hausse des prix en fonction de la demande n'a pas pu être appliquée. Selon Chris Nosko, cette inflation est pourtant nécessaire à la survie des activités de la plateforme : sans elle, le nombre de demandes ces soirs de forte fréquentation augmenterait trop pour qu'elles puissent être toutes satisfaites. Beaucoup de clients se retrouveraient donc avec une demande en cours, mais pas de chauffeur disponible, ce qui nuirait à l'image du service. Cette nuit du 31 décembre 2015 par exemple, seulement 25 % des demandes ont pu être traitées.

La compréhension d'un algorithme aussi complexe que celui d'Uber et d'autres plateformes est un exercice périlleux. Il est tenu secret, car considéré comme la pierre angulaire du système. Pourtant, le 3 mars 2017, le *New York Times*[1] a révélé d'importantes informations à ce sujet. Selon le quotidien américain, Uber utilisait un outil nommé « Greyball » pour duper les autorités des pays où l'application est effective, notamment à Paris, Boston et Las Vegas, mais aussi en Australie, Chine et Corée du Sud. À chaque fois qu'elle s'est installée dans ces villes et pays, la start-up a forcé le destin : elle n'a pas demandé d'autorisation. Résultat, elle pouvait être soumise à de nombreux contrôles des autorités visant à l'interdire. Mais, en utilisant les données récoltées, les ingénieurs de la plateforme ont pu identifier et contourner les clients mystères missionnés par les autorités.

Ainsi, le quotidien américain relate l'histoire d'Erich England, chargé du contrôle des services de

1. Mike Isaac, « How Uber Deceives the Authorities Worldwide ».

l'application pour les autorités à Portland en 2014. L'application vient à peine d'y être lancée, l'inspecteur et ses équipes sont chargés de monter à bord des véhicules. Seulement, ce soir-là, toutes les voitures qu'ils commandent annulent. Selon le *New York Times*, « Uber avait étiqueté Mr. England et ses collègues – essentiellement en utilisant Greyball – sur la base des données collectées à partir de l'application et par d'autres moyens ». Elle repérait notamment les utilisateurs qui ouvraient l'application de manière intempestive devant les bâtiments gouvernementaux. Le reste paraît presque issu d'un film d'espionnage : « Uber a alors affiché une fausse version de l'application, remplie de voitures fantômes, pour échapper au contrôle. » La firme a affirmé qu'elle avait recours à ce programme d'abord pour « protéger les chauffeurs », dont les véhicules pouvaient être placés en fourrière. En réalité, cette pratique a été perçue comme une manipulation dans plusieurs pays où elle a été décelée. Six jours après les révélations du *New York Times*, Uber, par la voix de son responsable des questions de sécurité, Joe Sullivan, reconnaissait avoir utilisé la technologie Greyball et interdisait désormais « son utilisation pour cibler des actions des régulateurs locaux ». Ce message était publié le 9 mars 2017 sur le site de l'entreprise.

*

* *

Ceux qui sont le plus soumis à l'utilisation des données et à l'analyse des comportements sont bien les chauffeurs eux-mêmes. Au quotidien, ce sont eux qui alimentent le plus l'algorithme. Ils sont d'abord soumis à ce que l'on appelle le *nudge* en sciences comportementales, une théorie décrite par Richard Thaler pour laquelle il a reçu le prix Nobel d'économie en 2017. Selon cette dernière, les plateformes ont recours à une nouvelle forme de paternalisme libéral dans lequel elles créent un environnement (notation, autoplay…) qui vise à influencer ou favoriser les prises de décision de manière indirecte. Le but de ce « coup de pouce » est évidemment, dans le cas des start-up du nouveau monde, de faire travailler plus longtemps.

Sur l'application, les chauffeurs sont principalement soumis à trois conditionnements. Le premier est ce que Noam Scheiber a appelé le *binge driving*[1] dans une autre enquête menée pour le *New York Times*[2]. Quand un chauffeur termine une course, son téléphone sonne, et l'application l'avertit qu'une autre est disponible immédiatement. Parfois, son smartphone l'en informe même avant que la précédente course ne soit terminée. Le but est de minimiser son temps d'attente pour le pousser à conduire toujours plus longtemps. Un chauffeur qui stationne est un chauffeur qui réfléchit, et qui peut envisager de rentrer à la maison pour voir ses enfants. Or, pour que le service fonctionne au mieux, il faut que l'offre de voitures soit la plus importante possible, surtout lors des heures de pointe. Cette technique dite de l'autoplay est bien connue des plateformes de streaming comme Netflix ou Spotify. Mais, appliquée au travail, elle pousse à conduire parfois plus longtemps qu'il n'est acceptable.

Le deuxième conditionnement est celui du joueur de jeu vidéo. Il induit une potentielle addiction liée à la « gamification » de ces applications. Quand on est

1. Terme créé sur le modèle de *binge drinking*, qui désigne le fait de boire beaucoup d'alcool en peu de temps.

2. Noam Scheiber, « How Uber uses psychological tricks to push its drivers' buttons », *New York Times*, avril 2017.

chauffeur ou livreur, l'environnement de travail va être pensé de façon ludique. Ils obtiennent des crédits, récupèrent des badges « bronze », « argent », « or » en fonction du nombre de courses, et sont notés par les clients. Aux débuts d'Uber dans l'Hexagone, en 2012, certains chauffeurs interrogés rapportent même que la plateforme attribuait des primes en fonction des caractéristiques des conducteurs. « Ceux qui faisaient plus de 55 courses touchaient 400 € de prime, et ceux qui avaient une note de plus de 4,8 touchaient 200 €. Tout ça par semaine », se souvient Brahim, ancien chauffeur d'Uber en 2013. Évidemment, de tels éléments ont pour but de pousser les conducteurs à se fixer des objectifs toujours plus élevés – si possible. Le fait d'être soumis à cette évaluation et d'en avoir constamment l'évolution sous les yeux maintient un niveau de dopamine, et donc d'addiction, élevé.

Enfin, troisième conditionnement : celui du banquier. Les chauffeurs anticipent constamment leurs gains. Selon les observations menées lors de l'enquête du *New York Times*, ils sont informés en permanence des potentielles rémunérations. Le problème, c'est qu'ils reçoivent ces notifications aussi lorsqu'ils sont hors ligne, ce qui crée chez certains d'entre eux une vraie *fomo* (*fear of missing out*, la peur de manquer quelque chose). Le fait de visualiser les pertes les encourage à se connecter toujours davantage et à faire tourner l'application. D'autant que, selon la chercheuse Alex Rosenblat[1], « les chauffeurs s'accordent à dire qu'il est intéressant de travailler surtout dans les "heures de pointe", quand les prix grimpent ». Problème : ces créneaux se trouvent essentiellement le soir et le matin, au

1. Alex Rosenblat, *Uberland, How Algorithms Are Rewriting the Rules of Work*, University of California Press, 2018.

moment où ils peuvent mener leur vie de famille. Ils sont donc face à un choix cornélien : aller travailler ou s'occuper des leurs ?

Les notifications sont là pour faire pencher la balance. Selon Rosenblat, la pression est forte sur les épaules des conducteurs : « Uber dit à ses passagers qu'eux aussi peuvent commencer à conduire pour Uber via l'application, ce qui alimente l'idée que les chauffeurs et les consommateurs sont interchangeables… » Comprenez : si ce n'est pas vous qui prenez cet argent, ce sera un autre. Pour elle, Uber utilise finalement son algorithme de répartition comme un « outil de contrôle » assez pointu de ses chauffeurs. Au moment de se connecter sur l'application, ils peuvent par exemple exiger de conduire à un niveau de service particulier. UberX est le niveau standard, mais il y a aussi UberPool, que l'on a déjà évoqué, ou UberBlack, un service plus haut de gamme. En influant sur la répartition des courses, la plateforme peut ainsi inciter un chauffeur UberBlack à aller chercher un client d'UberX. Ainsi, le consommateur aura l'impression que les services de la firme sont exceptionnels. Le chauffeur, lui, n'aura eu que cette course à se mettre sous la dent et ne sera pas payé à sa juste valeur. De même, pour faire fonctionner son service de partage UberPool, l'algorithme peut décider d'inciter un chauffeur UberX à accepter ces courses. Si ces travailleurs sont censés être indépendants et libres d'agir, ils se trouvent en réalité soumis aux demandes de l'application. En septembre 2020, la Ligue des droits de l'homme a d'ailleurs déposé une plainte – toujours en cours d'instruction – devant la Cnil[1] pour manquement au RGPD[2]. Le but est de

1. Commission nationale de l'informatique et des libertés, créée en janvier 1978 par la loi Informatique et libertés.

2. Règlement général sur la protection des données, adopté par le Parlement et le Conseil européens en avril 2016.

pouvoir mieux comprendre l'algorithme pour défendre les VTC.

Uber ne s'en est jamais cachée, ses équipes ont pour ambition de développer un programme de voiture autonome. On apprend qu'il pourra être alimenté... par les données obtenues grâce aux conducteurs. Une double peine, selon Ryan Colan et Alex Rosenblat : « Cela signifie que les conducteurs forment involontairement leurs propres remplaçants. »

*
* *

Pour les plateformes de livraison, l'utilisation des données des coursiers et l'analyse de leurs comportements sont d'autant plus cruciales qu'elles sont soumises à une concurrence féroce dans de nombreuses villes. Au moment de la commande, le temps de livraison annoncé joue donc un rôle très important dans la « captivité » du client. S'il est trop long, il risque de contrarier ce dernier, qui ne réitérera pas l'expérience. Plus il est court, en revanche, plus les services seront perçus comme performants. C'est d'ailleurs un point qu'ont bien compris Uber, Deliveroo ou Amazon : l'un des principaux leviers pour fidéliser le client à notre époque est de lui proposer un service le plus rapide possible.

Dans le délai de livraison, deux étapes peuvent être déterminantes : la préparation du repas et l'acheminement vers le domicile du client. Le premier temps est incompressible : on ne peut pas (encore) contraindre un cuisinier à préparer son plat plus vite. C'est donc la seconde étape que les algorithmes vont tenter d'optimiser, en apprenant constamment des données des livreurs.

Ainsi, en janvier 2017, Deliveroo déployait son nouvel algorithme dit de *machine learning* (les machines apprennent toutes seules sans avoir été spécifiquement programmées pour ce faire), qu'elle a nommé « Frank ». Son but est simple : optimiser au maximum la coordination entre les restaurants et les livreurs. Ainsi, lorsqu'un repas sort de cuisine, les données disponibles sont analysées de façon à lui affecter le livreur en meilleure position pour limiter, autant que possible, le temps d'attente. Frank prend en compte la météo ou la circulation autour de chaque livreur. « Deliveroo a déjà pu réduire le délai de livraison de 20 %, soit davantage de courses et donc de revenus à l'heure pour nos livreurs », affirment les responsables.

Aujourd'hui, tous les livreurs obéissent à Frank. Quitte à être dépossédés de leur travail. Rien n'est plus transparent : ils ne savent plus sur quels critères ils sont choisis, ils ne peuvent plus prédire le nombre de commandes qu'ils vont réaliser pendant leur service. Frank a la maîtrise de tout. Il va par exemple les encourager à prendre la route en envoyant un sms lorsqu'il sait que la météo n'est pas idéale et qu'il y a moins de livreurs disponibles. Il propose des bonus à la clé pour les coursiers, là aussi soumis au *nudge*. « L'algorithme, c'est un mélange de dopamine et... de technologie. Il y a un truc un peu sympa, marketing, avec des jeux, des challenges, comme si tout cela était très libre, flexible et très cool, comme si le travail n'en était pas un. Or c'est en fait très surveillé : nous travaillons par le biais d'une application qui recueille nos données, qui sait comment nous nous connectons et nous comportons », expliquait Édouard Bernasse, du collectif Clap 75, sur LCI en novembre 2019. « Il n'y a pas le rapport de domination directe qui existe dans un bureau avec un manager.

Mais c'est une illusion. Avec l'algorithme, ils ont inventé la liberté restreinte ! » poursuivait-il.

*
* *

Face à tant de dérives, certains utilisateurs se posent la question cruciale du boycott de ces applications. C'est d'ailleurs une chose que l'on entend souvent lorsqu'on enquête sur ces questions. Le dilemme peut se résumer à ceci : si je cesse de les utiliser, les chauffeurs et livreurs vont-ils perdre leur boulot ? « C'est facile de comprendre pourquoi tant de gens continuent à utiliser Uber. La question, c'est de savoir si nous devons continuer ou non », résumait la journaliste américaine Alison Grisworld sur le site d'information pure player Quartz. « Et si l'on en est encore capables : se priver de ces services, ce serait aller contre dix années d'étude de nos comportements par ces entreprises destinées à dompter nos cerveaux. C'est effrayant, mais c'est la vérité : il y a en chacun de nous une petite part qui est acquise à la cause de ces plateformes, qu'on le veuille ou non. »

La question du boycott est donc plus complexe qu'il n'y paraît. Car derrière elle se cachent aussi des stratégies marketing et de communication bien ficelées qui conduisent le consommateur à se tenir lui-même pour seul responsable. Beaucoup de multinationales de notre époque appliquent la stratégie dite « de Coca-Cola ». Souvent accusée de polluer les plages avec ses bouteilles en plastique, la multinationale des sodas a toujours répondu que c'était la seule faute du client qui les jetait dans le sable. En clair, la stratégie est d'attribuer systématiquement à un « autre » la responsabilité des dérives. Et ça fonctionne : dans le cas des plateformes, s'il y a un souci avec la commande, on va râler sur le livreur. Il n'y a qu'à voir sur les réseaux sociaux le nombre de personnes qui se plaignent quotidiennement sans se poser une seule fois la question de la responsabilité de l'entreprise.

« Je ne suis pas favorable au boycott, parce que ça reviendrait à faire fermer une usine et à mettre au chômage tous les travailleurs », m'explique Jason Mayor Lee, secrétaire général du syndicat IWGB à Londres. « Je suis plutôt favorable à inciter les gouvernements et les entreprises à prendre leurs responsabilités[1] ! »

1. Entretien avec l'auteur, le 27 octobre 2020.

11

En immersion

Amazon, l'ubérisation malgré le salariat

Amazon est un monde à part. Depuis sa création en juillet 1994 par Jeff Bezos, devenu au passage l'un des hommes les plus riches de la planète, la plateforme d'e-commerce transforme les économies de tous les pays où elle s'implante. Elle surfe sur les mêmes slogans que ses cousines Uber, Deliveroo et autres. Toutes ces entreprises nous vendent le même rêve, un pouvoir presque divin : celui de commander (et de recevoir) ce que l'on veut, où l'on veut, très rapidement et d'un simple clic, sans bouger de chez soi.

Il existe tout de même une grande différence entre les deux modèles. Comme nous l'avons vu dans les chapitres précédents, Uber prône depuis le début l'indépendance à tout prix de ses travailleurs. Ce n'est pas du tout le cas d'Amazon, qui embauche des milliers de salariés pour expédier et trier les colis. Elle en fait d'ailleurs un argument massue : partout où elle s'implante et semble menacer l'économie locale, elle crée des emplois dans des régions qui en manquent parfois. Mais, lorsque l'on y regarde de plus près, on se rend compte que les CDD et CDI annoncés ne sont qu'une façade. En réalité, ce sont des coquilles vides : ces jobs sont souvent tout aussi instables et incertains que ceux des livreurs et chauffeurs indépendants. Car ils partagent tous un point : ils exigent de courir sans répit après les diktats d'un algorithme.

Cette évidence m'est apparue un soir de mai 2018. À l'époque, je commandais fréquemment sur Amazon. Ce jour-là, en rentrant du boulot, j'ai trouvé sous mon paillasson un colis qui m'avait été livré. Je l'avais commandé la veille, tard dans la nuit. Puisqu'il était environ 30 centimètres plus large que mon tapis de sol, il dépassait de chaque côté, visible de tous mes voisins, qui n'avaient qu'à se baisser pour le ramasser. Devant une situation si absurde, j'ai d'abord ri. Puis, avec un peu d'empathie, je me suis rendu à l'évidence : celui ou celle qui avait effectué la livraison devait probablement manquer de temps pour agir ainsi.

J'étais alors abonné à Amazon Prime depuis un an, un service qui permet entre autres d'être livré en un jour ouvré (voire le soir même dans certaines villes) en illimité, et je me doutais bien que la rapidité imposée par l'entreprise entraînait une frénésie de livraisons. Seulement, je refusais de le voir. Ce soir-là, je me suis mis à la recherche de mon livreur pour en avoir le cœur net. Mais, faute de numéro de téléphone, impossible de le retrouver. Je me suis alors rabattu sur le service communication d'Amazon pour en savoir plus[1]. Lequel m'a expliqué que la livraison dite du « dernier kilomètre » (comprenez du dépôt au client) n'est pas vraiment le cœur de métier de la multinationale. Une entité à part, Amazon Logistics, a bien été créée il y a huit ans avec

1. Article initialement paru sous le titre de « Dans la peau d'un forçat d'Amazon », le 5 octobre 2018 dans *Libération*, et légèrement réécrit pour la publication de ce livre.

pour objectif d'améliorer l'« expérience client » dans ce domaine. Mais la livraison reste sous-traitée à des entreprises spécialisées, comme TNT ou Chronopost. Amazon m'a assuré aussi qu'ils veillent à ce que les employés « exercent dans de bonnes conditions ». Et qu'ils ne subissent pas de pression trop importante.

J'avais comme un doute, alors j'ai finalement candidaté à une dizaine d'offres d'emploi pour un poste de chauffeur-livreur en CDI. Il a suffi d'une recherche sur la plateforme Le Bon Coin pour en trouver. J'ai, bien entendu, sciemment oublié de mentionner mon activité de journaliste. Deux jours plus tard, le téléphone sonne. Au bout du fil, un homme me tutoie d'emblée : « J'ai vu ton CV, t'es toujours intéressé ? » J'acquiesce. Il décline les conditions : « C'est pour un CDI, payé 1 300 € nets. Après, ça peut évoluer si tu livres beaucoup de colis, je ne suis pas fermé à ça... » Seule condition à l'embauche : suivre une formation de trois jours avec des chauffeurs déjà en poste. Première surprise : elle est non rémunérée, et aucun contrat n'est signé. Il faut en revanche transmettre par mail une carte d'identité et un permis de conduire valide. Si les deux parties s'entendent à la fin de la « formation », un premier CDD de trois mois sera signé. Puis un CDI.

L'homme au bout du fil, Christophe[1], se justifie de procéder ainsi : « Tu sais, je vais te dire honnêtement, on est un peu dans le même sac. Moi, je ne suis qu'un sous-traitant de sous-traitant. En gros, Amazon sous-traite son activité de livraison à des dizaines de grosses entreprises. Elles ont des filiales dédiées qui, elles aussi, sous-traitent à des centaines de petites entreprises, comme nous. Et c'est là qu'on t'embauche. Donc, je

1. Son prénom a été modifié pour préserver son anonymat.

préfère faire ça, parce que livreur Amazon, ce n'est pas aussi simple que ça en a l'air. »

Rendez-vous est pris quatre jours plus tard pour entamer ma formation.

*
* *

Le soleil vient tout juste de se lever sur la zone commerciale de Vélizy-Villacoublay (Yvelines), peu après 7 heures. Entre deux entreprises à l'architecture moderne, des dizaines de camions forment un étrange ballet. Certains chauffeurs en gilet jaune entrent sur un parking. Ils sont guidés par d'autres salariés en gilet orange qui beuglent des informations inintelligibles au mégaphone. Les chauffeurs ressortent quelques minutes plus tard, le coffre rempli de dizaines de colis Amazon pour faire la place à d'autres camionnettes. Garé quelques mètres plus loin en double file, Christophe m'invite à le rejoindre dans son véhicule. Sans badge, impossible pour moi d'entrer dans le dépôt.

Le briefing de ma formation sans contrat de travail aura donc lieu dans sa voiture, entre dix coups de téléphone de « ses » livreurs. Il pointe du doigt les dizaines d'utilitaires au loin. « Si tu t'en sors bien, t'en auras un pour toi. » Une chose m'étonne néanmoins : elles ont toutes un immense logo Europcar ou Rent A Car accolé sur le flanc. Christophe, bas de jogging et baskets, précise : « Comme je t'ai dit, on est des sous-traitants au dernier échelon. Donc on n'a pas vraiment l'argent pour investir dans un parc d'utilitaires. On loue des véhicules à des entreprises de location, on a des forfaits moins chers. » J'apprends dans la foulée que mon employeur a fondé sa société avec des amis. Ils travaillent à 100 %

pour l'entreprise de livraison nationale Easy2Go, ou plutôt l'une de ses filiales, nommée Flash. Dont le plus gros client est Amazon, assure Christophe.

Pour me mettre dans le bain, le jeune chef d'entreprise joue la carte de l'honnêteté : « Amazon nous met la pression. Si un chauffeur ne fait pas l'affaire, n'est pas efficace, ils nous appellent et ils nous disent : "Ton gars, là, il ne rentre plus chez nous." Et ils retirent son badge[1]. Ce ne sont pas eux qui embauchent, donc ils s'en foutent, ils ne licencient pas. Mais nous, derrière, on n'a pas le choix... Donc, si tu bosses bien, c'est donnant-donnant pour toi comme pour nous. » En attendant que ses chauffeurs sortent du dépôt, on se gare près d'une station-service et d'un parking Norauto. Un homme en chemise, pantalon de costard et ordinateur sous le bras, débarque à toute allure. Il scrute les camions de location, a l'air de prendre des notes sur son carnet. « Le patron de Norauto a appelé Amazon pour se plaindre que les chauffeurs stationnent là en attendant de récupérer leurs colis. Alors, il a interdit de se garer sur son parking. Le directeur du dépôt d'Amazon est en train de prendre le nom de ceux qui le font quand même, pour les sanctionner », éclaire Christophe. Sur la sanction, il précise : « Il va leur retirer leur badge, quoi, leur interdire d'entrer. » Comprenez, en langage de sous-traitant : les licencier.

Pour se défendre de créer une économie précaire, Amazon affirme être à l'origine de milliers de CDI faciles d'accès. Ceux-là mêmes qui attendraient que l'on « traverse la rue ». Rien que pour le dépôt de Vélizy-Villacoublay, ouvert depuis le 3 septembre 2018

1. C'est aussi ce que j'ai pu constater moi-même lors de mon immersion, et ce que d'autres enquêtes sur ce sujet ont rapporté.

dans d'anciens entrepôts Peugeot de 13000 m², «près de 580 chauffeurs sont employés», indique Christophe. L'immense majorité en CDI. On a également pu lire dans les médias, mi-septembre, que «80 nouveaux» CDI seraient créés sur ce dépôt «d'ici 2020», afin de «dispatcher» les colis et, au final, d'irriguer le sud de la région Île-de-France.

Pour la multinationale, la dureté de la tâche serait donc compensée par l'assurance d'avoir un emploi stable. Sur ce point, mon employeur sous-traitant tient à ce que l'on ne se fasse pas d'illusions : «Oui, c'est un CDI. Mais le dépôt est ici en phase de test. Si ça ne fonctionne pas, en décembre, ils le ferment.» Quid des CDI créés, donc? Silence gêné de notre interlocuteur. «Au mieux, ils les dispatchent sur d'autres dépôts. Au pire...»

Chef de dépôt dans une grande ville de province, Grégoire[1] confirme : «Ce métier, c'est comme de l'intérim. Car ta boîte peut fermer du jour au lendemain.» Lui en sait quelque chose : l'entreprise qui l'employait avec trois autres chauffeurs a mis la clé sous la porte. La société de transport donneuse d'ordre, Easy2Go (la même qui pourrait nous employer à Vélizy-Villacoublay), avait perdu l'appel d'offres d'Amazon aux dépens d'une autre. Résultat, les myriades d'entreprises dans son giron dédiées à la livraison Amazon ont dû fermer en moins de dix jours. La société titulaire du nouveau marché en a bien repris quelques-unes, dont celle de Grégoire. «Mais pas suffisamment pour éviter à des dizaines de livreurs en CDI de perdre leur emploi», précise le chef de dépôt. Contacté, Easy2Go n'a pas souhaité répondre à nos questions et a transféré notre demande directement à Amazon.

1. Son prénom a été modifié pour préserver son anonymat.

*
* *

Le chauffeur responsable de ma formation est un grand homme longiligne d'une trentaine d'années originaire d'Afrique francophone. Moussa[1] est arrivé en France en 2013. Il est, selon Christophe, « le meilleur chauffeur » de son parc. Voilà un an qu'il travaille pour Amazon, ce qui en fait l'un des plus anciens aussi. Il touche aujourd'hui 1 500 € nets. Moussa m'attend sur un parking un peu plus éloigné du dépôt. Avec, dans le coffre de sa fourgonnette de location, 120 colis. « Ça fait normalement 82 points d'arrêt », précise-t-il. Avant qu'on monte, Christophe, mon futur employeur, ajoute une dernière chose : « Concernant les horaires, moi je te paye pour sept heures. Maintenant, si tu n'as pas terminé au bout de sept heures, c'est pour toi. Sauf si le retard vient d'Amazon, là je te paye en heures supplémentaires. Tu verras, il y a des jours où tu termineras à 14 heures. D'autres à 20 heures, surtout quand tu débutes. Je peux te demander de travailler le dimanche aussi, mais c'est payé comme un jour normal. » Moussa me toise, amusé : « Bon, tu as bien compris que ce n'était pas les trente-cinq heures. »

Son camion démarre à toute vitesse en direction de Boulogne-Billancourt, notre secteur de livraison de la journée. Fixé au pare-brise, un téléphone fourni par Amazon sert de GPS et de terminal pour vérifier les colis. Ici, on ne se fie pas à la feuille de route, mais au sacro-saint terminal. Pour me mettre dans l'ambiance, Moussa confie rapidement avoir été agressé en banlieue parisienne il y a quelques jours. Plusieurs jeunes l'ont repéré et frappé pour prendre sa cargaison.

1. *Idem.*

«C'est fréquent dans certaines zones. Ils repèrent les camions Europcar et les volent», explique notre formateur. Il s'en est tiré avec plusieurs jours d'ITT (incapacité temporaire de travail), mais a précipité son retour au travail. Amazon ne lui en a pas tenu rigueur, à condition qu'il porte plainte.

Au bout de quinze minutes de route, le fourgon s'arrête une première fois. Moussa en ouvre la porte latérale. Dans le coffre, la centaine de colis est répartie en plusieurs grands sacs en tissu. Les plus gros paquets sont mis à part, à l'arrière du camion. Le terminal indique dans quel sac il faut prélever les colis pour livrer à l'adresse indiquée. On quitte le camion avec douze paquets. En montant les escaliers de la résidence au trot, on croise des livreurs Chronopost. Pas pressés, ils nous interrogent : « Vous êtes d'où pour aller à cette allure ?» «Amazon», rétorque Moussa. «Ah, ouais, mais vous êtes au-dessus, là. Amazon, c'est le "turfu" [futur, ndlr] », plaisante l'un des deux jeunes hommes.

Une fois arrivé au pied de l'immeuble, mon formateur décline sa technique pour livrer rapidement : «Amazon ne veut pas qu'il y ait trop de retours. Il faut livrer le plus possible, et aller vite. Alors, quand il y a un gardien, tu lui donnes les colis. S'il n'y a pas de gardien, on a des clés universelles. Elles ouvrent toutes les boîtes aux lettres.»

Dans son local, la porte ouverte, le concierge flaire l'entourloupe : «Il faut sonner, hein ? Si tu n'arrives pas à livrer, après tu viens me voir.» Puis, plus agressif, il se pose en victime collatérale du système Amazon : «Les résidents laissent les colis quinze jours ici, ils n'en ont rien à foutre. Moi, j'ai 400 personnes dans la résidence je ne suis pas payé pour ça. À chaque colis Amazon, ils disent : "Laissez chez le gardien." Et bah, le gardien, il est pas là.» Avant de temporiser, comme pour s'excuser : «Ils n'en ont rien à foutre de vous, je sais. Mais de moi non plus, ils n'en ont rien à foutre.»

On sonne à l'interphone plusieurs fois. Aucune réponse. À l'aide d'un badge permettant de déverrouiller les portes d'entrée, comme les facteurs, on pénètre dans le hall. Lors de son agression, Moussa s'est aussi fait voler son trousseau de clés universelles. Impossible aujourd'hui de livrer les gros colis dans les boîtes aux lettres, tout devra se faire en main propre. «Ça va être long, je le sens», prévient Moussa. Grâce à un voisin, nous pénétrons dans l'immeuble. Direction le deuxième étage, où un résident doit réceptionner deux colis volumineux. Nous sonnons. Aucune réponse. «Dans ce cas-là, t'essayes de les donner à un voisin», explique mon formateur. À la porte d'à côté, un «C'est qui ?» résonne dans le hall. «C'est Amazon, on a un colis pour votre voisine, mais elle n'est pas là», crie Moussa. Toujours à travers la porte, la voisine répond : «Ah, non, mais je ne la connais pas, moi. Je ne lui parle jamais, désolée.» Et Moussa de s'étonner : «C'est comme ça, ils vivent à côté mais ont peur de se parler...» Il tente plusieurs fois d'appeler la cliente, qui ne répond pas. Nous repartons avec le colis, que nous livrerons plus tard.

Dans l'immeuble d'à côté, le gardien accepte volontiers de réceptionner les six paquets de ses résidents. «Bientôt, il n'y aura plus que des colis Amazon, il faut bien se mettre à la page», dit l'homme, l'air circonspect devant le ballet quotidien de livreurs. Dans le bâtiment voisin, il nous faut livrer un gros carton. Le client répond à l'interphone. Nous montons au quatrième. La porte est déjà ouverte, il apparaît en slip et en peignoir, une clope à la main. Moussa rit : «Parfois, ils sont même quasiment nus, je préfère sonner, laisser le colis devant la porte et partir. J'ai peur d'avoir des problèmes, qu'on m'accuse de harcèlement alors que j'ai juste livré un colis… »

Les cinq prochaines livraisons sont décrites comme « faciles » par Moussa. Elles sont adressées à des clients sur leur lieu de travail. Au mieux, le service accueil de l'entreprise les prend en charge. Au pire, il faut monter dans les bureaux. Mais il n'y a pas à mener d'enquête de voisinage pour livrer le paquet, comme dans les résidences privées. « Ça nous fait gagner beaucoup de temps », dit mon formateur.

Au fil des livraisons, on s'en rend compte : lorsque l'on transporte des colis Amazon, on prend le pouls de la France. Avec plus de 100 millions de clients « Prime » dans le monde, la multinationale vampirise une grande partie du marché. Se faire livrer un disque, un livre, un ordinateur ou de l'antipuces pour chat pour le lendemain est simplissime. Résultat, de plus en plus de gens commandent chez Amazon. Celui qui passe sa journée en slip, celle qui vient d'accoucher, celle qui zieute par le judas, celui dont les pétards embaument la cage d'escalier, celui que l'on réveille de la sieste, celle qui a peur, celle qui propose le café, celui qui ne parle pas français, celle qui commande des colis tous les jours…

On pénètre dans des open spaces de start-up où les employés travaillent en chaussettes et se déplacent en skate. En pleine réunion, ils ne lèvent pas les yeux sur l'homme au gilet jaune qui vient les livrer. Des entreprises où des joueurs de jeux vidéo ont pour métier de s'affronter en compétition. On constate aussi, un peu amusé, qu'un autre concours que celui du plus gros chiffre d'affaires du CAC 40 se joue entre certaines grandes sociétés : celui des halls d'accueil. Certains arborent des statues de chiens en marbre blanc, un autre un serpent fait de boules d'inox, d'autres encore des murs entièrement recouverts d'aluminium sur 10 mètres de haut ou des plafonniers en Inox en forme de mouettes géantes.

Mais il y a une constante : seuls les agents d'accueil, de ménage et de sécurité parlent aux livreurs. Comme nous, ils prennent le monte-charge sans miroir et les labyrinthiques coursives blanches aux néons blafards pour accéder aux bureaux. On laisse les ascenseurs panoramiques et les couloirs en moquette aux salariés en costard. Les agents s'intéressent («C'est votre premier jour?»), questionnent («Ça fait combien de temps que vous livrez?»), s'inquiètent («Ils ne vous regardent pas, c'est dur, même nous ils ne nous regardent pas»).

On a l'impression d'assister en direct aux biorythmes parallèles de deux mondes qui se côtoient sans vraiment se parler. Celui des cadres qui consomment et celui des personnes employées pour leur rendre service. Les premiers doivent en prendre plein la vue dès le hall, les seconds se faire invisibles, ne pas déranger. Du clic à la livraison, tout s'opère par magie.

Depuis le début de la journée, Moussa, mon formateur, est malade. Il a des sueurs froides, de la fièvre probablement. Alors que la journée avance, il marche de plus en plus lentement. «Je suis vraiment faible», confie-t-il. Il doit pourtant continuer : personne ne peut le remplacer, et il ne veut pas prendre le risque de rapporter des colis au dépôt. Il est presque 17 heures quand la tournée a été bouclée. Pour autant, la journée n'est pas terminée, Moussa tient à retourner livrer chaque colis qu'il n'est pas parvenu à remettre aux clients. «Ce n'est pas qu'on nous sanctionne si on ramène des paquets. Mais ils vont nous les ajouter à la tournée de demain, du coup j'aurai plus de colis. Donc, autant les livrer tous aujourd'hui», explique-t-il.

À cette heure ne restent que les livraisons problématiques : la personne reste injoignable car elle a renseigné un mauvais numéro ou une mauvaise adresse; une autre nous demande d'attendre une demi-heure, le temps de rentrer du travail, histoire de ne pas devoir patienter jusqu'au lendemain pour se faire livrer, etc. La journée se termine finalement à 18 h 30, après onze heures de travail sans aucune pause, et sans même avoir mangé un sandwich sur le pouce.

Moussa rentre au dépôt fier, sans colis sur les bras. Il repartira demain pour une nouvelle tournée. Sans moi.

*

* *

Au cours de mes démarches d'embauche, j'ai été en contact régulier avec six chauffeurs issus de dépôts différents. Sur une période de trois semaines, la moitié d'entre eux m'a affirmé au moins une fois vouloir démissionner. Seul un l'a vraiment fait. Jérôme, livreur à Paris, a tenu cinq mois avant de quitter l'entreprise. «Je ne pouvais plus continuer, j'étais épuisé. Le rythme est infernal, il faut toujours être au moins à 200 % et c'est toujours de notre faute, quoi qu'il se passe. Maintenant, je vais prendre quelques jours pour me reposer et ensuite on verra», confie-t-il. Les livreurs Amazon disent traiter entre 80 et 180 colis selon les jours. «Parfois, ça peut dépasser les 200, 220», constate un chef de dépôt. Un autre livreur de l'est de la France décrit aussi les pressions subies : «Amazon met en place un système de "concessions", comme ils disent. Une plainte d'un client pour un colis non reçu ou un mauvais comportement nous vaut une “concession”. Au bout de dix ou douze, on est licenciés.»

Le problème, c’est que la logique de livraison prônée par Amazon pousse les livreurs à déposer les paquets dans les boîtes aux lettres ou chez les voisins plutôt que de les remettre en main propre. Résultat, certains disparaissent, et la faute est imputée aux chauffeurs. Pour s’en rendre compte, il n’y a qu’à observer les milliers de plaintes quotidiennes à ce propos sur les réseaux sociaux. L’un des dirigeants d’une grande entreprise de transport sous contrat avec Amazon prophétise : «C’est une profession qui va disparaître, à terme. Parce que c’est un travail de fantômes, ils ne sont pas reconnus. Les gens ne les regardent pas.» Certains ont bien tenté de lancer des débrayages dans leurs dépôts pour protester contre un nombre de paquets trop élevé, mais n’ont pas ou peu été entendus. De son côté, Amazon planche de plus en plus sur la robotisation de ses activités, la rumeur des livraisons par drones prenant peu à peu corps ces dernières années.

En attendant, ceux qui sont épuisés par la pression craquent sans prévenir. Ils abandonnent leur poste du jour ou lendemain, parfois avec violence. Au cours d’un de mes reportages, un livreur m’avait raconté qu’un de ses collègues avait garé son camion plein de colis sur les rails du tramway et laissé la clé à l’intérieur. Il était parti et avait démissionné. J’avais exprimé mon étonnement en entendant cette histoire, lui avait eu l’air de trouver ça normal. «On en voit presque tous les jours, des gars qui craquent…»

Un jour de janvier 2019, Brahim, un autre livreur Amazon, m’a appelé en urgence. Lui aussi était à bout, et il venait de quitter son poste avec un camion chargé de plus de 100 colis qu'il retenait chez lui, dans son garage.

Ce jour-là, il a souhaité témoigner dans *Libération* :

« J'ai grandi dans le 93, j'ai fait des conneries quand j'étais petit. J'ai fait un peu tout ce qui était possible : vols avec violence, deals sur les terrains... Du coup, j'ai été incarcéré à Fresnes et à Fleury pour ces histoires, et j'ai mis du temps à me réinsérer. C'est finalement en 2012 que j'ai décidé d'arrêter toutes ces conneries. La perte d'un proche, le dégoût de tout ça... Comme on dit, "trop de ghetto tue le cerveau". J'ai quitté mon quartier sans prévenir personne, mes copains d'enfance ne savent pas où je suis. Et puis j'ai occupé mon premier vrai boulot en tant que caissier dans une station-service. Ensuite, j'ai été employé à la mairie, avant qu'ils me disent, au bout de trois semaines : "Tu ne peux plus travailler ici à cause de ton casier." Depuis septembre, j'étais au RSA quand j'ai vu l'annonce pour un CDI en tant que livreur Amazon. Elle était partout, sur Facebook, sur Le Bon Coin, même sur le site de Pôle emploi. Ils embauchent des gens à la chaîne. Je me suis dit que c'était top, un boulot fait pour moi. Je venais de prendre à nouveau du ferme pour une vieille histoire qui datait de 2010, j'allais demander un aménagement de peine. Alors, j'ai postulé. J'ai passé un entretien d'embauche et j'ai été pris, c'était simple. Ils m'ont appelé, m'ont dit : "Vous commencez avec 60 colis, vous terminez à 18 heures." Au début, j'ai commencé avec un formateur. Le premier jour, ça s'est bien passé. Le formateur, c'était un gars bien, il se donnait à la tâche. Lui, il me disait qu'il avait vu pire au bled. Il ne disait rien parce qu'il était payé et avait un camion tout neuf. Mais franchement, il faut voir les conditions, la pression, il n'y a pas de tickets restaurant, rien.

Après, ils m'ont donné mon propre camion, et j'ai commencé avec 70 colis. Puis, du jour au lendemain, je suis passé à 120, 150, 180 colis. Quand on protestait, ils nous disaient : "Ceux qui sont pas contents, ils se retrouveront à Pôle emploi." Même quand j'étais à la prison de Fresnes, je n'avais pas cette pression. Par exemple, tu as l'obligation d'appeler chaque client. Quand tu n'appelles pas, ils te mettent sur une liste pour te dénoncer. Ils ne veulent pas non plus de retour de colis. Si on en ramène, ils nous mettent aussi sur une liste. Parfois, quand il n'y a personne au domicile, on perd énormément de temps et on rentre à 22 heures après avoir commencé à 7 heures du matin. Il y a bien des trousseaux qui se vendent pour ouvrir les boîtes aux lettres, mais c'est à nous de les acheter pour 100 €.

Cette pression de faire vite, de rentrer sans colis, elle existe tout le temps. Il y a des endroits auxquels tu ne peux pas accéder, d'autres où les gens klaxonnent derrière. La pression, la pression, la pression… Tu rentres chez toi le soir, t'es pas bien. C'est ça qui m'a fait craquer. Hier, ils m'ont appelé pendant ma livraison. J'avais 165 colis et je n'arrivais pas à tous les faire. Ils me demandaient : "Pourquoi tu ne les as pas faites, les livraisons ?" J'ai commencé à craquer, mais dans cette boîte, on ne peut pas donner son avis. Ce matin, un responsable m'a dit au dépôt : "Marche droit et mets bien ton gilet." Je lui ai répondu : "On n'est pas à Fresnes, on est des êtres humains." Normalement, je devais livrer seulement 80 colis. Là, j'en suis à 182 : le camion est plein, quand tu l'ouvres, il y a tellement de colis qu'ils tombent. Alors j'ai craqué, je reconnais…

Je suis parti avec le camion plein, je n'ai pas livré. Il est dans mon sous-sol. Là, ils m'appellent sans cesse pour savoir où je suis. Je vais le rendre ce soir et j'irai trouver un autre boulot sur Internet. Mais je suis en colère. Macron nous dit qu'il suffit de traverser la rue. Mais il ne sait pas comment on lutte pour se réinsérer. J'aurais été le petit jeune à qui il a dit ça, je lui aurais pris le bras et je lui aurais dit : "Habille-toi comme moi et on va traverser la rue ensemble." Nous, on est vraiment les sans-dents. J'ai choisi il y a cinq ans de me réinsérer, c'est dur, mais je ne compte pas sur eux, les politiciens. Nous, on trime tous les jours, et on a comme seul espoir de trouver un boulot honnête et un moyen de survivre[1]. »

Que ce soit au sein des plateformes ou chez Amazon, ceux qui y travaillent ont de nombreux points communs. Ils sont des précaires, interchangeables et soumis à la cadence souvent infernale des applications. Surtout, qu'ils soient auto-entrepreneurs ou non, leur métier n'est pas pérenne. D'ailleurs, la plupart de ceux que l'on interroge le disent : ils ne font ça que temporairement. Soit parce qu'ils ne résisteront pas à la pression, soit parce qu'ils trouveront mieux ailleurs. « Si ces entreprises avaient pu nous remplacer par des robots, elles l'auraient déjà fait », m'a affirmé un livreur Amazon démissionnaire à l'automne 2020.

Ce modèle de sous-traitance Amazon nous offre aussi un large aperçu de l'écosystème chaotique qui pourrait bientôt naître de nos politiques publiques. Pour offrir une protection aux travailleurs sans pour autant freiner le développement des géants du numé-

1. « Brahim, livreur Amazon : "J'ai craqué à cause de la pression." », *Libération*, 24 janvier 2019.

rique américain sur notre territoire, le gouvernement pourrait bien décider d'étendre ce système de sous-traitance aux travailleurs des plateformes de l'ère Uber-Deliveroo. Sans pour autant répondre à la question de fond : comment offrir des conditions décentes aux travailleurs des algorithmes ? À ces dizaines de milliers de précaires, les gouvernements n'offrent encore et toujours que des réponses partielles et bien décevantes…

12

La justice française, seul moyen de faire plier les multinationales ?

Dans un amphithéâtre bondé de Saint-Denis, une centaine de chauffeurs VTC sont réunis, ce 27 septembre 2020, à l'initiative du syndicat INV[1], qui souhaite entreprendre des poursuites communes contre Uber. Avec l'aide de l'avocat Jérôme Giusti, également présent, déjà plus d'une centaine de dossiers ont été bouclés et sont prêts à être déposés au conseil des prud'hommes. Selon eux, l'entreprise serait coupable de les avoir « floués » : leur indépendance ne serait qu'un leurre. « Ils ne fixent pas leurs prix, l'algorithme est très opaque, ce n'est pas vraiment ce que l'on peut appeler du travail indépendant[2] », assure Jérôme Giusti. « J'ai lancé une procédure aux prud'hommes, je n'en attends pas grand-chose, mais c'est plus par principe, car j'estime qu'on a été dupés à bien des égards. On a été pris pour des cons, tout simplement. La relation est complètement déséquilibrée, tout nous incombe. Et Uber s'est dédouanée de toute responsabilité », estime Sené Babacar, un chauffeur qui a entamé ce combat à

1. Intersyndicale nationale VTC.
2. Entretien avec l'auteur, le 27 septembre 2020.

l'initiative de Brahim Ben Ali et de son syndicat. Ce qu'ils espèrent désormais ? Faire reconnaître qu'un lien de subordination les unit avec la plateforme et obtenir leur requalification en tant que salariés. À l'issue de la réunion, de nouveaux dossiers seront constitués pour poursuivre la plateforme. Il faut reconnaître que les honoraires d'avocat sont incitatifs : « On ne prend que 250 € TTC sur ces dossiers », explique Jérôme Giusti.

La plupart des plaignants ont de bonnes chances d'obtenir gain de cause. En 2020, les recours en justice à l'encontre de telles structures se sont multipliés après une décision rendue le 4 mars par la Cour de cassation, la plus haute juridiction française. Les magistrats ont, pour la première fois, reconnu le lien de subordination entre un chauffeur et l'entreprise Uber, ouvrant la voie à des requalifications massives. « Lors de la connexion à la plateforme numérique Uber, il existe un lien de subordination entre le chauffeur et la société. Dès lors, le chauffeur ne réalise pas sa prestation en qualité de travailleur indépendant mais en qualité de salarié », estiment les juges dans leur arrêt. Cette décision est un véritable tournant pour les travailleurs et les syndicats, et elle pourrait faire jurisprudence dans tous les autres dossiers déposés en France. Ce qui explique les mouvements communs amorcés par les organisations syndicales et les chauffeurs, comme à Saint-Denis. À Nantes, le 23 novembre 2020, le conseil des prud'hommes a d'ailleurs confirmé la tendance : il a rendu une décision similaire dans un dossier opposant un chauffeur à Uber.

Ces tourments judiciaires représentent aujourd'hui une sérieuse menace pour la poursuite des activités de la plateforme en France. Sans doute la principale. Car, si de nombreux chauffeurs venaient à obtenir cette requalification, la multinationale devrait faire face à un appel d'air encore plus important via ce type de procédure : forts de ces succès, plusieurs milliers d'autres chauffeurs pourraient se retourner contre elle. Ce qui, à terme et en extrême recours, pourrait bien la pousser à envisager de salarier certains (voire la totalité) de ses chauffeurs pour éviter d'avoir à régler des frais de justice trop importants. Au pire, cela pourrait simplement l'amener à cesser son activité dans l'Hexagone. « Si jamais il lui fallait acheter les voitures, ses besoins en capitaux seraient gargantuesques, et son modèle économique radicalement métamorphosé. Sa situation financière semble peu propice à un changement aussi coûteux[1] », analyse Frédéric Fréry, enseignant-chercheur dans le domaine de la stratégie d'entreprise, du management et de l'innovation à l'École supérieure de commerce de Paris (ESCP) et à Centrale-Supélec.

Cette menace réelle venue d'en bas explique d'ailleurs en partie le récent changement de stratégie de la firme californienne : elle prône désormais avant tout le dialogue et l'ouverture (en tout cas dans l'affichage), ce qui n'était pas vraiment son fort jusqu'à présent. « Il y a eu une prise de conscience au moment de l'arrêt de la Cour de cassation du 4 mars, en effet. En 2020, avec le confinement, ça s'est confirmé : tout à coup, les chauffeurs ne pouvaient plus travailler. Et ils ont commencé à se dire que, s'ils avaient été salariés, ils auraient touché le chômage partiel, eu des masques, etc. Alors qu'ils sont bel et bien la dernière roue du carrosse. Du coup, ils sont de plus en plus nombreux à nous solliciter pour mener ce combat[2] », explique l'avocat Jérôme Giusti.

1. « Uber, le capitalisme dévoyé », *The Conversation*, 14 février 2018.
2. Entretien avec l'auteur, le 27 septembre 2020.

*
* *

Ainsi, même dans le nouveau monde, les combats, lorsqu'ils sont menés en justice, portent leurs fruits. Mais ils soulèvent au passage une vraie question de fond : ces travailleurs souhaitent-ils vraiment tous être salariés ? Uber, de son côté, assure formellement que « non » et répète à l'envi, comme un argument massue : « Nos chauffeurs nous le disent tous les jours, ils veulent être indépendants[1] », assure une porte-parole de la firme. Sur ce point, elle a en partie raison : à l'origine de la lutte, le salariat n'était pas au cœur des discours ni des revendications.

Il est vrai que, on l'a dit, dans les premières années d'activité en France, nombre de chauffeurs ont été attirés par l'idéal d'indépendance survendu par la plateforme. Cela allait de pair avec des rémunérations alléchantes permettant l'émancipation et le mythe bien construit du self-made-man. Beaucoup d'entre eux étaient d'ailleurs des déçus du salariat, jugé trop contraignant. Au départ, la lutte pour leurs droits s'est ainsi construite autour d'une seule revendication : davantage de protection. Point. « Ce que l'on voulait, c'étaient des droits, tout simplement. La raison était qu'on assume tous les frais et tous les risques, alors qu'Uber et les autres s'en lavent les mains derrière et font du profit[2]. » Mais les organisations font alors face à un mur : Uber ne veut rien entendre, trop occupée à éteindre l'incendie allumé par les taxis, en colère contre cette concurrence qu'ils jugent « déloyale ». L'heure n'est pas à la discussion, plutôt à la confrontation.

1. Entretien avec l'auteur, le 7 décembre 2020.
2. Entretien avec l'auteur, le 31 juillet 2020.

Une fois bien implantée en France, à partir de 2015, la plateforme impose ses conditions d'exercice, et les décisions sont strictement unilatérales. Dans ce contexte, pas de place pour l'écoute, encore moins pour la négociation. « On nous a bien fait comprendre au fur et à mesure que, si on n'était pas contents, y en avait d'autres qui attendaient à la porte[1] », assure Foued, un chauffeur syndiqué.

Le gouvernement ne leur tend pas non plus la main et préfère fermer les yeux plutôt que de se lancer dans un arbitrage épineux entre une activité qui crée de l'emploi d'un côté et des travailleurs qui demandent plus de protection de l'autre. Une manière, en somme, de laisser un boulevard aux plateformes. « On a fait les manifs, on a fait des opérations escargots pour obtenir des droits. Mais on n'a reçu aucune proposition qu'on estime nous protéger réellement[2] », regrette Sayah Baaroun, secrétaire général du Syndicat des chauffeurs privés VTC déjà évoqué.

En ultime recours, à partir de 2017, c'est donc vers la justice que les chauffeurs en lutte se tournent. Une première « vague » de dossiers est déposée cette année-là. Tous réclament une chose : faire requalifier leurs contrats, seule solution pour obtenir les dédommagements qu'ils estiment mériter. « L'idée, c'était d'obtenir de l'argent d'Uber pour tout ce qu'on paye à leur place pendant toutes ces années : l'assurance, l'essence, les congés, la mutuelle… Si ça doit passer par le salariat, alors on y va[3] », assure Brahim, un chauffeur qui a déposé un dossier contre la firme californienne. « C'est paradoxal, c'est vrai, car si vous interrogiez les chauffeurs il

1. Entretien avec l'auteur, le 13 septembre 2020.
2. Entretien avec l'auteur, le 31 juillet 2020.
3. Entretien avec l'auteur, le 31 juillet 2020.

y a deux ou trois ans, pas grand monde ne voulait être salarié. Mais aujourd'hui, c'est la seule solution pour obtenir des choses de la part d'Uber et des autres[1] », assure Foued, le conducteur syndiqué. Ce bras de fer est selon eux le résultat de la stratégie agressive d'Uber, qui n'a jamais souhaité dialoguer.

Et ça a payé. Dès 2019, les premières décisions favorables tombent. Le 10 janvier, coup de tonnerre : la cour d'appel de Paris rend pour la première fois une décision favorable à un chauffeur Uber. Dans son arrêt, la Cour expose les faits :

« Monsieur X a été engagé par la société Uber, en qualité de chauffeur auto-entrepreneur, à compter du 12 octobre 2016. Dans un premier temps, Monsieur X a conclu, avec la société Hinter France, partenaire d'Uber, un contrat de location de carte professionnelle VTC (véhicule de tourisme avec chauffeur). Dans le cadre de cette location, Monsieur X s'engageait à passer par l'intermédiaire de l'application Uber. Dans un second temps, Monsieur X a loué un véhicule à la société Flexi-Fleet, également partenaire d'Uber. Le montant de la location était prélevé, chaque semaine, sur les revenus réalisés avec Uber. Entre le 12 octobre 2016 et le 7 avril 2017, Monsieur X a réalisé 2038 courses pour le compte d'Uber.

À compter du 7 avril 2017, Uber a définitivement désactivé son compte après "une étude approfondie de son cas". C'est dans ces conditions que Monsieur X a saisi le conseil des prud'hommes de Paris afin que soit constatée l'existence d'un contrat de travail avec Uber et a sollicité des dommages et intérêts pour rupture abusive de son contrat de travail.

1. Entretien avec l'auteur, le 13 septembre 2020.

La cour d'appel de Paris a considéré que le chauffeur Uber ne pouvait donc être qualifié de travailleur indépendant [car] le chauffeur salarié ne pouvait fixer librement les conditions d'exercice de sa prestation de transport [...], ne pouvait constituer de clientèle propre [et] ne pouvait pas fixer librement ses tarifs.»

Cette première décision a fait date. Depuis, le débat autour du salariat est un peu plus équilibré. Certains chauffeurs reconnaissent bien que ce n'était pas leur première revendication, mais ces procédures constituent leur ultime solution pour pouvoir exercer dignement. D'autres affirment qu'ils souhaitent réellement devenir salariés, revenant sur le mythe de l'indépendance et de la liberté qui les avait conduits à installer l'application. Tous partagent le même combat, car ils sont convaincus que leur indépendance n'est qu'un miroir aux alouettes.

*

* *

Cette mobilisation en justice a été suivie dans d'autres secteurs «disruptés» par les plateformes du nouveau monde. Chez les livreurs à deux-roues, par exemple, Jérôme Pimot, aujourd'hui militant actif de la cause anti-ubérisation et cofondateur du Collectif des livreurs autonomes parisiens, a entrepris des démarches en justice dès 2014 à l'encontre de Tok Tok Tok, aujourd'hui disparue. Après s'être blessé dans un accident lors d'une livraison, il découvre que son congé maladie n'est pas pris en charge. Un proche lui conseille de parler de sa situation avec un juriste. «Je lui ai envoyé 30 pages, il a halluciné, il m'a dit : "Formellement, t'es salarié"», assurait Jérôme Pimot lorsque je l'ai rencontré pour la première fois en janvier 2019. Il se rend aussi compte qu'une clause de son contrat lui interdit de travailler pour une autre entreprise de livraison pendant deux ans. Le coursier y voit le signe évident d'un lien de subordination. En octobre 2020, la cour d'appel de Paris lui a donné tort, considérant qu'il n'avait pas été possible de prouver l'existence de cette subordination et lui déniant le statut de salarié. Mais Jérôme est devenu l'une des grandes figures de l'anti-ubérisarion en France.

Chez les livreurs, le déclic a finalement eu lieu en juillet 2016, lorsqu'une plateforme belge, Take Eat Easy, a fait faillite. « Des dizaines de personnes se sont retrouvées à la rue du jour au lendemain ou avec de gros impayés[1] », explique Me Kevin Mention, avocat. « Il y avait beaucoup d'étudiants qui prévoyaient de faire le plein d'argent l'été, ils avaient travaillé tout le mois de juillet. Au milieu du mois, ils se sont rendu compte qu'ils ne touchaient plus leur argent. La plateforme leur a dit que c'était un souci informatique. Mais, le 26 juillet, elle a annoncé qu'elle mettait la clé sous la porte, sans préavis et sans les payer », poursuit-il. Au cœur de l'été, ils sont une cinquantaine de livreurs écœurés à se donner rendez-vous dans son bureau. « Ils ont demandé la requalification en salariat pour avoir la garantie du paiement des salaires, mais surtout parce que ça reflétait la réalité des faits ! » assure l'avocat. Après trois ans de procédure, ils ont finalement été reconnus salariés et ont obtenu aux prud'hommes des indemnisations comprises entre 16 000 et 60 050 €.

David, 35 ans aujourd'hui, un passionné de vélo, est un de ceux qui ont entrepris de poursuivre Take Eat Easy, « un peu par hasard », admet-il. Au cours d'une

1. Entretien avec l'auteur, le 13 janvier 2021.

livraison en 2016, il se fait renverser par une voiture. «Je faisais ça le soir pour payer mon loyer, en plus d'une formation que je suivais la journée. Mais, lorsque je me casse un pied au bout de quatre mois, je ne peux plus travailler ni aller à ma formation. Je les en informe, et ils me demandent de me déplacer pour rendre le sac et le téléphone qui étaient mis à ma disposition alors que je ne peux plus marcher», m'expliquait-il pour *Libération* en janvier 2019. «Là, j'ai compris que ça serait tout pour ma gueule. Et je réalise que ça aurait en fait dû être considéré comme un accident du travail», poursuit celui qui est aujourd'hui intermittent du spectacle. Son avocat, Me Paul Beaussillon, voit plus loin. Il pense, déjà à l'époque, pouvoir prouver que, malgré son statut d'auto-entrepreneur, il y a bien une subordination à la plateforme : «Il y avait un faisceau d'indices : le fait qu'on lui demande de respecter un tas de consignes, par exemple. La décision a retenu deux choses : la géolocalisation comme un ensemble de règles pour contrôler l'exécution, et l'existence d'un système de sanctions[1].» L'ancien livreur regrette : «Quand on lisait leurs mails, on avait vraiment l'impression de faire partie de Take Eat Easy. Ils parlaient d'équipe dans leurs newsletters, il y avait même une élection du meilleur livreur. On avait un téléphone, un sac. Ils nous faisaient croire qu'on était partenaires, alors que dès qu'il y a eu un problème, on l'était plus du tout.» Son avocat précise : «L'initiative d'être auto-entrepreneur n'a pas été prise par David. Il a répondu à une annonce sur Internet et, en retour, Take Eat Easy lui a envoyé un kit pour créer le statut.»

1. Entretien avec l'auteur, le 7 janvier 2019. In «La justice cuisine Uber», *Libération*, 15 janvier 2019.

Sans le prévoir, David a lui aussi créé un précédent en France. Fin novembre 2019, la Cour de cassation a reconnu le lien de subordination à la plateforme. Un nouveau coup de tonnerre initié par la plus haute juridiction française et un événement majeur, puisqu'il venait démontrer que les poursuites en justice n'étaient pas vaines : David a obtenu gain de cause et des dédommagements.

Depuis, de nombreux livreurs ont saisi la justice. Me Kevin Mention résume : «On a déjà déposé un peu plus de 100 dossiers contre Foodora, 200 contre Take Eat Easy, presque 80 contre Frichti, une cinquantaine en cours contre Deliveroo, une dizaine contre Stuart... En plus de ça, on a beaucoup de personnes qui nous contactent, mais on ne peut pas toutes les prendre pour le moment...» Selon lui, ce sont les faillites de plateformes, les accidents de la circulation ou les vols de matériel à répétition qui ont créé cet immense ras-le-bol. «On entendait certains, avant les faillites des plateformes, dire : "Finalement, c'est pas si mal, ce boulot." Et puis, du jour au lendemain, ils se retrouvent sans rien, dans la rue. Ils viennent nous voir en dernier recours, quand ils ont tout essayé. Ça arrive aussi quand il y a des accidents. On a eu des estomacs perforés, voire des comas qui n'étaient pas pris en charge. C'est là qu'on voit l'importance d'une protection», assure Me Mention.

Pour les plateformes de livraison aussi, l'enjeu est énorme, d'autant plus que, durant la crise sanitaire, les services de livraison à domicile (et les recettes) ont explosé. Les leaders du marché comme Uber envisagent déjà de diversifier leur offre, en ajoutant à leurs services la livraison de fleurs ou de courses. Mais tout cela ne tient qu'à une condition : que les coûts n'augmentent pas. Sous une pression judiciaire croissante, elles vont donc devoir donner de plus en plus de gages de satisfaction aux travailleurs, tout en maintenant leur modèle économiquement agressif. Une mission quasi impossible.

*

*   *

Cette judiciarisation des revendications, si on l'inscrit dans l'histoire des luttes sociales, est finalement assez inédite. Pour les livreurs à deux-roues et les chauffeurs VTC, le taux de syndiqués reste relativement faible. Celui des grévistes également, même si les quelques manifestations sont parvenues à mobiliser largement et ont trouvé un réel écho dans les médias.

Mais ce sont bien les actions en justice qui explosent. « C'est dû à leur situation d'abord, analyse Barbara Gomes, maître de conférences en droit social à l'université Hauts-de-France. Dans les conflits collectifs classiques, les droits des gens sont reconnus, et les entreprises qui ont des pratiques à la limite de la légalité le savent. Quand il y a un rapport de force, il y a des indemnisations rapides et qui sont solides. Dans le cas des plateformes, ce sont des boîtes qui n'acceptent pas le dialogue. Par ailleurs, elles ne proposent pas de lieux collectifs ni de représentation collective. Quand, enfin, s'instaure une forme de dialogue, elles demandent toujours à passer par-dessus les représentants syndicaux pour parler directement aux travailleurs. Elles tentent de court-circuiter ces intermédiaires qui ont l'expérience du droit et des négociations patronales. En réalité, les plateformes se sentent très fortes[1]. »

---

1. Entretien avec l'auteur, le 12 janvier 2021.

Selon l'universitaire, pour que ces poursuites provoquent néanmoins un véritable changement de système, il faudrait qu'elles soient accompagnées d'autres initiatives, menées par des instances publiques. « Quelles sont les conséquences pour Uber ou Deliveroo, qui va devoir faire un chèque à 200 travailleurs ? Elles ont largement les moyens de le faire (même si elles perdent de l'argent chaque année) et de continuer à travailler avec ceux qui restent, c'est-à-dire notamment les plus précaires, ceux qui n'ont pas la force ou ne sont pas en situation pour entamer des procédures. En revanche, s'il devait y avoir un contrôle massif de l'Urssaf, avec un rappel de cotisations sociales, là, ça changerait des choses ! »

En attendant que l'État tape véritablement du poing sur la table des négociations, Uber, Deliveroo et les autres continuent de défendre le bien-fondé de leur modèle coûte que coûte, qu'elles soient en face d'un livreur, d'un juge ou même d'un ministre. Jusqu'à quand ?

13

Le déni politique…

Pourquoi les pouvoirs publics tardent tant à légiférer ?

Depuis le premier jour d'Uber en France, en décembre 2011, il y a eu des manifestations, des grèves, des débats, trois présidents de la République, cinq ministres du Travail… Pourtant, rien n'a changé ou presque.

Pour expliquer cet immobilisme politique, il faut d'abord replacer l'arrivée des plateformes dans son contexte. En 2008, Hervé Novelli, secrétaire d'État chargé du Commerce[1] dans le gouvernement François Fillon II, est à l'origine d'une petite révolution. Il fait voter la « loi de modernisation de l'économie », qui permet notamment la mise en place du statut d'auto-entrepreneur. À l'époque, on ne parle pas du tout des plateformes, et on entrevoit à peine les conséquences d'une « révolution numérique ».

La loi entre finalement en vigueur le 1er janvier 2009. « J'avais surtout en tête une idée de simplification de création de l'activité, c'est pour ça que j'avais créé un certain nombre de groupes de travail pour réfléchir à

1. Également chargé de l'Artisanat, des PME, du Tourisme, des Services et de la Consommation.

des simplifications. Les trois groupes de travail ont tous préconisé la création d'un statut, celui d'auto-entrepreneur. Mais je n'avais pas du tout prévu la crise des subprimes[1]... » Cette récession va donner « un coup de boost » au nouveau statut. « Le salariat s'est rétracté pendant cette période », analyse l'ancien secrétaire d'État. Résultat, dès 2009, 300 000 personnes se tournent vers l'auto-entrepreneuriat, puis de nouveau 300 000 en 2010. « Il faut croire que ça correspondait aux attentes d'un certain nombre de personnes et que ça simplifiait le passage à l'acte », estime Hervé Novelli, pas peu fier.

Dans le même temps, en 2012, des applications voient le jour outre-Atlantique et promettent de révolutionner le travail indépendant. « Ça, je ne l'avais pas vu non plus », assume l'ancien député. Une aubaine pour Uber, car il y a en France, contrairement à d'autres pays, les dispositions légales qui peuvent lui permettre de se développer facilement. « Lorsque Uber est arrivée ici, personne ne les connaissait. Les dirigeants m'ont appelé pour passer en force et on leur a répondu que ce n'était pas dans leur intérêt, que la situation était compliquée avec les taxis en France, et qu'ils pouvaient se faire une place. Surtout, on leur a assuré qu'ils avaient la législation ici pour eux[2] », se souvient Thaima Samman, avocate spécialisée en affaires publiques et réglementations, qui a épaulé la firme américaine les premières années. Car, en 2009, Hervé Novelli a aussi autorisé les véhicules de transport avec chauffeur, dits VTC, dans sa loi de développement et de modernisation des services touristiques. Il a alors modifié les conditions d'accès à ce que l'on appelle la « grande remise » :

1. Entretien avec l'auteur, le 30 octobre 2020.
2. Entretien avec l'auteur, le 15 septembre 2020.

des véhicules haut de gamme qui prennent en charge des clients à la sortie des hôtels ou des aéroports[1]. Auparavant, les autorisations étaient délivrées par la préfecture, comme pour les taxis ; désormais, ces compétences sont transférées au secrétariat d'État chargé des Transports.

C'est grâce à ces deux mesures simplifiant l'accès au métier de chauffeur de véhicule indépendant qu'Uber va s'installer en France à partir de 2012 – et se développer. La violente grogne des taxis n'y changera rien : la loi est du côté de la firme californienne. Et l'accueil réservé par les pouvoirs publics à l'époque est très favorable. « Ça a eu du positif, car ça a permis de fournir une activité à ceux qui n'en avaient pas, des gens peu qualifiés », se souvient Hervé Novelli. « D'un point de vue politique, il y a eu ce réflexe de dire que "l'important, c'est que ces plateformes viennent en France et qu'elles créent de l'emploi"[2] », estime de son côté le député du groupe Écologie démocratie solidarité à l'Assemblée nationale[3] Aurélien Taché, ancien LREM. Alors, on leur a ouvert en grand les portes du pays, sans trop se soucier ni des dispositions à adopter (ça fonctionnait en l'état) ni des conséquences sur le travail (après tout, ce sont des chômeurs en moins).

*

* *

Depuis toutes ces années, donc, les travailleurs de plateformes ont exercé via un statut créé en 2009 qui n'était pas du tout prévu pour ça. Aux yeux de son fondateur, Hervé Novelli, cet immobilisme pose question :

---

1. Voir aussi chapitre 1.
2. Entretien avec l'auteur, le 18 octobre 2020.
3. Groupe aujourd'hui dissous après le départ de trois députés en octobre 2020.

«La protection n'est pas couverte par ce que j'avais initié au début, notamment les accidents du travail et la capacité d'être indemnisé pour les pertes d'activité. Aujourd'hui, il y a entre 200000 et 300000 travailleurs de plateformes, donc ce n'est plus un sujet anecdotique.»

Aucun des deux présidents successifs n'a souhaité non plus modifier les règles du jeu. «Sous le quinquennat Hollande, il y avait une vision de la société un peu classique, divisée entre les salariés et les patrons, donc il était difficile d'aller vers autre chose», analyse Aurélien Taché, qui fut aussi membre du Parti socialiste, avant de rejoindre En Marche! pour les législatives. En 2017, il fait campagne aux côtés du candidat Macron. «J'imaginais, en rejoignant LREM, qu'on allait pouvoir réinventer un certain nombre de choses...», souffle le député du Val-d'Oise. Un espoir de changement, donc, mais avec une conception très «macroniste» – le fameux «en même temps». «Il ne devrait pas y avoir à choisir entre le lien de subordination et la protection sociale, assure-t-il. Je ne considère pas que les plateformes sont une aberration et que ces gens devraient être nécessairement des salariés. C'est aussi donner du travail à ceux qui pourraient avoir du mal à être recrutés dans un poste de salarié, à des populations assez loin de l'emploi et souvent discriminées. C'est un peu à rebours de ce que dirait la gauche classique, mais le salariat a été plutôt un recul, historiquement, une perte de liberté.» Des plateformes, des indépendants et une protection sociale, voilà l'utopie imaginée par Taché.

Alors, au début du quinquennat, le jeune député de 36 ans devient le «monsieur Ubérisation» de la majorité. À lui de trouver des solutions. «Moi, sur le plan philosophique, j'étais favorable à une protection sociale universelle et rémunérée par l'impôt, qui protège de manière substantielle sans être salarié», affirme-t-il. Difficile de savoir s'il réécrit l'histoire a posteriori ou s'il est sincère. Il n'empêche que la première mesure qu'il va proposer publiquement est très éloignée de cette posture «philosophique». Lorsque le gouvernement présente la loi d'orientation des mobilités (LOM), celle-ci prévoit en effet que les plateformes puissent adopter des «chartes sociales» dans lesquelles elles garantiraient les «conditions et modalités» d'exercice des travailleurs. Le problème, c'est que l'article 44 de la LOM précise bien que ce sont les entreprises qui décident des règles, et ce de manière unilatérale. «Je voulais qu'il y ait un début de dialogue entre les plateformes et les représentants», tente de plaider aujourd'hui Aurélien Taché. Un dialogue, oui, mais à sens unique, donc.

L'article de la loi prévoyait aussi qu'en échange de la ratification de ces chartes, les plateformes puissent être exonérées d'éventuelles poursuites pour requalification… Cette proposition a fait l'objet de vives controverses au cours de l'examen de la loi au Parlement, avant que l'article dans son entier ne soit carrément retoqué par le Conseil constitutionnel. «L'histoire de la charte, c'est quand même dingue. Ils ont pensé qu'un papier produit par Uber qu'on demande à un chauffeur de signer allait donner un blanc-seing face à la justice[1] », s'indigne Thomas Thévenoud, ancien secrétaire d'État chargé du Commerce extérieur dans le gouvernement Valls II et formellement anti-chartes. Selon ce dernier, les plateformes seraient allées jusqu'à «évangéliser» le député Aurélien Taché avec cette proposition pour éviter l'avènement d'autres mesures moins avantageuses.

1. Entretien avec l'auteur, le 15 septembre 2020.

Ce dernier s'en défend aujourd'hui, dans un premier temps. Pour lui, cette proposition devait être provisoire : «Je l'ai faite lorsque j'ai compris qu'on n'aurait pas les avancées espérées sur le plan de la protection sociale. Dans le projet de loi, il y avait notamment l'ouverture du droit au chômage pour les travailleurs indépendants. À mon sens, c'était une des mesures les plus ambitieuses. Sauf que, quand la copie est arrivée, ce n'était pas tout à fait ce qu'on avait imaginé… Je ne pensais pas faire quelque chose d'aussi minimaliste.» Il poursuit : «Dans l'attente, on a cherché un moyen d'encourager la responsabilité de l'entreprise, d'où l'idée de la charte.»

Il n'empêche : ce débat autour des chartes démontre bien les réticences des responsables politiques à fournir de réelles propositions, de peur de gêner la croissance économique des plateformes en France. Quand on lui demande finalement si cette idée lui a été soufflée par les plateformes elles-mêmes comme le suppose Thomas Thévenoud, Aurélien Taché acquiesce à demi-mot : «J'ai eu des réunions avec le ministère du Travail, qui avait eu des rendez-vous avec eux. Et ensuite, j'ai accepté de jouer ce jeu-là…»

D'autres éléments plus marginaux peuvent expliquer cet impossible débat. Certains invoquent des arguments structurels. «Il y a un différentiel de culture. Certains, à l'Assemblée et au gouvernement, n'ont pas tout à fait la compréhension du monde actuel… Mais ça évoluera peut-être avec les générations à venir[1] », envisage un responsable politique qui souhaite rester anonyme. S'agirait-il d'un problème de «compréhension» du nouveau monde? Ce qui ne semble pas englober Emmanuel Macron, plutôt jeune et jugé «technophile». «Mais lui

1. Entretien avec l'auteur, le 30 octobre 2020.

ne voit que les investissements potentiels», recadre Aurélien Taché.

D'autres avancent aussi que la France n'est pas en retard et que, dans d'autres pays, on ne trouve pas non plus de solution à ces questions. «C'est un sujet qui n'est pas français mais qui est mondial. C'est vrai qu'il y a eu pas mal d'atermoiements de la part des services publics. Je pense que, sachant qu'ils devraient à un moment ou à un autre mettre la main au porte-monnaie, ils ont peut-être un peu traîné...», estime de son côté Hervé Novelli.

*

* *

Lorsqu'on évoque l'inaction des gouvernements, la question du «lobby» surgit à chacun des entretiens : parfois sous-entendue, d'autres fois clairement affirmée. «Évidemment qu'il y a du lobbying !» s'esclaffe Thaima Samman. «On avait plusieurs réunions par an avec le ministère du Travail. Mais c'était toujours des déjeuners officiels, rien de caché. Vous imaginez bien que, déjà qu'on est très critiqués, on n'allait pas faire ça en sous-main», affirme de son côté un ancien cadre dirigeant d'une des principales plateformes, qui a souhaité rester anonyme.

Au cours de ces dîners, les lobbyistes savent bien, quand il le faut, parler la même langue que nos dirigeants politiques. Leur parole s'immisce partout, jusqu'au Parlement européen, où la question est logiquement débattue. «J'ai rencontré les lobbyistes d'Uber et de Deliveroo. Ce sont des gens malins. Par exemple, celui d'Uber m'a dit que les chauffeurs avaient besoin de protection, que ça pourrait les fidéliser. J'étais étonné, je m'attendais à une ligne plus dure. En ressortant, on aurait presque pu croire qu'il était gauchiste ! En réalité, je pense qu'ils avancent ces arguments car ils veulent faire pencher la balance vers la création d'un statut tiers qui les favoriserait[1] », explique Leïla Chaibi, députée européenne LFI. À chacun de ces rendez-vous revient un argument quasi atomique : il existe aujourd'hui plus de 200000 travailleurs de plateformes, soit autant de chômeurs potentiels. Une perspective que ne souhaitent même pas entrevoir les gouvernements successifs, un peu coincés, qui préfèrent donner l'image d'un pays sachant accueillir les entreprises innovantes… quitte à fermer les yeux sur les conditions de travail.

D'autant qu'ils se voient aussi promettre de nouveaux investissements en France, pays pionnier de l'ubérisation. Même si, au sein des ministères, on n'est pas toujours d'accord avec ce qu'il se passe au sein de ces entreprises. « J'ai senti chez Élisabeth Borne, la ministre du Travail, une volonté de réguler davantage, de se pencher sur la question du minimum de rémunération, par exemple », assure Aurélien Taché.

L'un de ces lobbyistes d'Uber, en poste à partir de 2015 et qui a depuis quitté l'entreprise, assure pourtant que leur rôle a été important dans le débat : « Notre travail a été de créer du dialogue en France. » Entre 2012 et 2015, selon celui qui souhaite rester anonyme, « personne ne se parlait ». « Nous faisions face à une grande violence, j'ai été placé sous protection policière plusieurs fois. À l'époque, il était impossible de vous promener dans Paris avec une casquette ou un tee-shirt Uber, vous vous faisiez tabasser. Il y a eu une forte pression, notamment des chauffeurs de taxi. Nous avons

1. Entretien avec l'auteur, le 26 octobre 2020.

contribué à entamer un dialogue entre le gouvernement, les taxis et les syndicats », plaide celui qui place la multinationale dans le bon rôle.

Selon lui, ils ont dû faire face à un refus de coopérer de la part des responsables politiques, notamment sous le mandat de François Hollande. « Le cabinet de Bernard Cazeneuve, alors ministre de l'Intérieur, refusait de nous parler, c'était un jeu dangereux. Dans l'équipe, il y avait une vraie et profonde incompréhension de ce qu'il se passait et de l'accueil qu'ils nous réservaient. Entre nous, on se disait qu'ils étaient complètement rétrogrades », explique l'ancien lobbyiste. Les choses ont un peu évolué avec l'arrivée au pouvoir d'Emmanuel Macron, lequel s'est montré plus en phase avec ce milieu de jeunes prêts à entreprendre. Une idylle qui a donné naissance au cours de la campagne à ce que l'on a appelé la « start-up nation » : l'idée que le président de la République s'appuierait sur ces jeunes entrepreneurs en sweat à capuche pour relancer le pays.

*

* *

Cette lune de miel entre le pouvoir macroniste et les start-up du « nouveau monde » a contribué à épaissir encore davantage le brouillard législatif. Dans l'intérêt des plateformes, il fallait que rien ne change. Elles ont pu poursuivre leur activité comme elles l'entendaient, jouissant de la pleine maîtrise des conditions d'accès et de rémunération, jusqu'à créer de vastes poches de précarité. Face à la fronde, le gouvernement Philippe a annoncé, en janvier 2020, le lancement d'une mission sur la protection de ces travailleurs. Elle fut menée par Jean-Yves Frouin, ancien président de la chambre sociale de la Cour de cassation, entouré d'un collège de spécialistes.

Le 5 juin 2020, le Premier ministre a même poussé la réflexion un cran plus loin en demandant d'élargir les compétences de la mission à « la sécurité juridique du statut des travailleurs intervenant sur les plateformes et du lien contractuel » et « aux protections sociales et économiques de ces travailleurs impactées par la double crise sanitaire et économique ». Une annonce qui laissait entrevoir une vraie volonté d'avancer et de prendre des mesures concrètes dans ce dossier épineux. Mais finalement, le 23 octobre 2020, après avoir été retoquées à deux reprises dans les lois mobilités, les chartes ont été adoptées par décret avant même la publication des conclusions de la mission. Sans aucune concertation. « En attendant mieux... », avance le député Aurélien Taché.

Lorsque le rapport Frouin a été présenté au successeur d'Édouard Philippe, Jean Castex, le 1er novembre, les critiques ont fusé de toutes parts. Ce texte rejetait la création d'un tiers statut, jugé comme étant « une fausse bonne idée » car susceptible de créer « un nivellement vers le bas ». Il préconisait en revanche le portage salarial, jusqu'à présent réservé aux cadres dans des dispositions spécifiques. Les coopératives étaient aussi perçues comme une alternative possible. En clair : pour ne pas contrevenir à l'activité des plateformes, les délégués de la mission encourageaient la sous-traitance. « Ce sont de très mauvaises idées, et je pense que ce n'est même pas envisageable d'un point de vue juridique[1] », analyse Barbara Gomes, juriste et élue PCF. « La philosophie du rapport est de créer un intermédiaire avec un mécanisme de sous-traitance complètement

1. Entretien avec l'auteur, le 26 octobre 2020.

fictif. Quand on sous-traite, c'est que l'on n'a pas la compétence pour le faire.» Pour elle, le dispositif de portage «est un cheval de Troie» : «Il est normalement réservé aux cadres et on le transforme pour les plateformes qui ne veulent pas assumer leurs responsabilités et qui ne souhaitent pas embaucher des salariés !»

Du côté des élus LREM, en revanche, on voit là un moyen de contenter tout le monde : les plateformes, délivrées des procédures de requalification, et les travailleurs, auxquels on offre un semblant de protection. Même si cette solution n'est pas parfaite, elle a le mérite d'exister, se dit-on dans les rangs macronistes. Ce rapport pourrait donner lieu à une proposition de loi dans le courant de l'année 2021, mais le calendrier demeure flou, car le sujet divise encore largement.

Quoi qu'il en soit, l'absence de propositions crédibles de la part du gouvernement a poussé les syndicats à mener le combat ailleurs que dans la sphère politique, jugée sous le contrôle des lobbies pro-ubérisation. Désormais, pour eux, le seul moyen de défendre leur position est de demander la requalification des contrats auprès des tribunaux, en s'appuyant sur la décision de la Cour de cassation du 4 mars 2020, comme nous l'avons vu au chapitre précédent. Avec un écueil majeur : ces combats, lorsqu'ils aboutissent, contribuent à cliver le débat, en instaurant deux pôles irréconciliables : celui des pro-indépendants et celui des pro-salariat. Résultat, on ne s'intéresse que très rarement à la question de fond, et de là n'émerge aucune proposition. Chacun choisit son camp de façon quasi dogmatique : celui des «plateformes du nouveau monde» contre celui du salariat «à l'ancienne».

*
* *

Toutes les personnalités politiques interrogées, à droite comme à gauche, dont les deux anciens secrétaires d'État Hervé Novelli et Thomas Thévenoud, s'accordent cependant sur une chose : la protection sociale devrait être une priorité majeure des pouvoirs publics. En l'état, on peut considérer qu'il y a plusieurs centaines de milliers de Français qui ne bénéficient pas des mêmes droits que leurs concitoyens.

À droite, on penche pour une solution simple : conserver le statut d'indépendant, mais y ajouter des dispositions législatives qui garantiraient la protection des travailleurs, notamment une rémunération en cas d'arrêt de travail. À gauche, on penche plutôt pour une « présomption de salariat » ou pour des fonctionnements hybrides avec des coopératives militantes.

D'autres pistes concrètes ont été évoquées pour améliorer immédiatement le système actuel. Le Conseil national du numérique, fondé en avril 2011, en a suggéré plusieurs. Dans un rapport publié en juillet 2020, il propose par exemple une mesure simple, l'application d'un « DigiScore » évaluant les plateformes selon, notamment, la relation qu'elles ont nouée avec les travailleurs : « Les membres du CNNum estiment que les plateformes respectueuses de nos lois et de notre modèle social doivent être encouragées : elles sont de fait un visage nouveau du monde du travail et une indéniable source d'emplois à l'ère du digital. Comme dans tout État de droit, il reviendra au juge de sanctionner les plateformes qui refuseraient de se conformer aux règles du droit du travail, mais on ne saurait stigmatiser ou condamner les plateformes de par leur seule existence.

À cette fin, le CNNum recommande l'adoption, dans les plus brefs délais, d'un « DigiScore » sur l'ensemble des sites web, applications mobiles et autres interfaces usagers des plateformes numériques. » Il rappelle aussi l'intérêt de mener un véritable dialogue social arbitré par l'État : « Le dialogue social ne peut ni ne doit se résumer à de simples consultations pilotées par les plateformes. Les conditions d'un équilibre entre les parties, à même de leur permettre de négocier, doivent être réunies ; et c'est le rôle de l'État d'assurer cet équilibre. À cette fin, les membres du Conseil recommandent d'organiser, et ce, le plus tôt possible, une concertation sur plusieurs mois réunissant largement l'ensemble des acteurs qui souhaiteraient s'impliquer dans la co-construction de solutions et de créer un Observatoire des plateformes ayant notamment vocation à constituer une enceinte de concertation neutre entre les parties prenantes du dialogue social. »

Des débuts de solutions qui n'ont pas trouvé l'oreille du gouvernement pour le moment. En effet, derrière le débat purement politique, il y a une question sociétale existentielle : est-on pour une France des plateformes, qui favoriserait le développement de ces nouvelles formes de travail, ou non ? Et à quel prix ? Beaucoup refusent pour le moment d'y répondre car elle interroge en profondeur l'idée que l'on se fait du progrès dans nos sociétés. Refuser le monde des plateformes serait adopter une position passéiste. L'accepter en l'état serait se plier au capitalisme galopant.

Entre les deux, pour le moment, il n'y a que du vide.

14

En Suisse, en Californie ou à Londres…

Les coulisses du combat des travailleurs ubérisés

La fronde ne s'est pas arrêtée aux frontières françaises. Partout autour du globe, les conditions de travail des forçats des plateformes continuent de faire débat. Alors que les tribunaux sont devenus les principaux catalyseurs de la lutte, ce sont parfois, fait étonnant, les pays les plus libéraux qui prennent les décisions les plus radicales à l'encontre de ces sociétés.

L'un des exemples les plus emblématiques de cette lutte devenue mondiale se trouve en Californie. C'est là-bas que le concept a été pensé et conçu de toutes pièces, notamment celui de la reine mère Uber. Dans cet écosystème très favorable aux nouvelles technologies et aux entreprises du nouveau monde, Uber et Lyft ont rencontré un fort succès au début des années 2010. Dès leur lancement, le téléchargement de ces applications a explosé sur la côte ouest américaine, qui a servi de véritable laboratoire. Mais c'est également là-bas que les plateformes de berlines avec chauffeurs ont connu le retour de bâton le plus violent.

Le premier coup a été porté le 30 avril 2018 par la Cour suprême de Californie, qui a pris ce jour-là une décision inédite : tous les chauffeurs des sociétés Uber et Lyft devaient désormais être considérés comme des salariés. Selon les hauts magistrats de San Francisco, la responsabilité des charges et de la gestion incombait aux entreprises et non aux travailleurs. Un jugement sans précédent aux États-Unis et un véritable premier acte de guerre contre le modèle ultralibéral. De toute évidence, le bras de fer était engagé.

À la suite de cette décision, une proposition de loi portant le nom de « AB-5 » – pour Assembly Bill 5 – a été déposée au Sénat et à l'Assemblée de Californie. Son but était clairement de réguler l'économie des plateformes. Elle visait notamment à confirmer la requalification des travailleurs en tant que salariés et à leur octroyer les congés maladie, un salaire minimum ou l'accès à l'assurance chômage. Le combat a pris une tournure encore plus politique lorsque le gouverneur démocrate californien, Gavin Newsom, s'est dit « fier » de soutenir ce projet. En septembre 2019, la proposition de loi fut finalement approuvée, à la surprise générale, par les deux assemblées du Congrès et ratifiée par Newsom. « Pour les élus californiens, il s'agissait de lutter contre les inégalités qui s'accentuent, à l'ombre de ce que les experts appellent maintenant la *two-jobs economy*, l'économie où il faut deux emplois pour s'en sortir[1] », analyse la correspondante en Californie du journal *Le Monde*. « Cette loi va aider à résoudre le problème de statut des travailleurs considérés comme des sous-traitants et non comme des salariés, ce qui les empêche de bénéficier des protections sociales de base, comme le salaire minimum ou l'assurance maladie. L'étape suivante est de faciliter la formation de syndicats, qui pourront négocier ensemble de meilleures conditions de

1. Caroline Lesnes, « La Californie tente de réguler "l'économie des plateformes" », *Le Monde*, 17 février 2020.

travail […] tout en préservant la flexibilité et l'innovation », s'est félicité Gavin Newsom, lors de la ratification de la loi.

AB-5 a eu le mérite de créer outre-Atlantique les conditions d'un débat qui a dépassé largement la côte Ouest. Plusieurs autres villes progressistes ont affirmé étudier une décision similaire, notamment au tout début de la pandémie de Covid-19, en mars 2020 – une crise sanitaire qui a mis au jour le peu de protections dont disposaient les chauffeurs. Certains se sont retrouvés sans aucune activité et sans revenus. Elle a mis le pays face à ses contradictions : doit-on encore favoriser le développement de l'économie à tout prix, quitte à accentuer encore la fracture sociale et raciale dans certaines grandes villes ? Là-bas, plus encore qu'ailleurs, les ghettos servent de vivier aux plateformes qui servent les classes moyennes. Pour certains démocrates comme Gavin Newsom, encadrer l'ubérisation, c'est s'assurer qu'elle ne précarisera pas d'autres corps de métiers si elle venait à s'étendre, comme ce fut le cas pour les coursiers et chauffeurs.

Uber et les autres n'ont cessé depuis de tenter de convaincre, à grand renfort de sondages et de publicités, que les travailleurs désiraient pour la plupart rester indépendants et que leur profession était un moteur d'émancipation. Et surtout, ultime intimidation, qu'elles n'auraient d'autre choix que de cesser leurs activités dans les États où une telle loi entrerait en vigueur. Face aux critiques et aux recours judiciaires, c'est finalement par un référendum que l'avenir d'Uber et de Lyft en Californie a été scellé, en novembre 2020. Dans le cadre d'autres scrutins et notamment de l'élection présidentielle, les Californiens ont été invités à voter pour ou contre le maintien du modèle d'indépendant prôné par les plateformes (qui ont dépensé plus de 200 millions de dollars pour leur campagne). L'actuel président Joe Biden et sa vice-présidente Kamala Harris ont affiché leur soutien à la loi AB-5. Le candidat Biden tweetait en mai 2020 : « L'année dernière, avec AB-5, la Californie a offert des protections et des avantages aux travailleurs des plateformes comme un salaire minimum ou la rémunération des heures supplémentaires. Désormais, les géants de cette économie des petits boulots tentent de vider cette loi. C'est inacceptable. J'invite les Californiens à voter non en novembre. » Mais toutes les histoires américaines ne se terminent pas forcément en « happy end », et Biden ne peut pas l'emporter à chaque fois : les électeurs ont finalement voté en faveur du maintien du statut d'indépendant à 58 %, marquant un coup d'arrêt dans la fronde californienne contre l'ubérisation.

« Le futur du travail indépendant est mieux assuré désormais, grâce aux nombreux conducteurs comme vous qui se sont fait entendre, et que les électeurs dans tout l'État ont écoutés », s'est alors réjoui Dara Khosrowshahi, le patron d'Uber, dans un courrier adressé aux chauffeurs. Certains d'entre eux ont d'ores et déjà engagé des poursuites pour forcer la Californie à rejeter le résultat du référendum, qu'ils jugent anticonstitutionnel. Depuis, ni Joe Biden, ni Kamala Harris, ni Gavin Newsom n'ont réagi.

*

* *

C'est sans doute au bord de la Tamise, à Londres, que l'opposition aux entreprises de l'ubérisation fut la plus forte ces dernières années. Outre-Manche, on perçoit le même paradoxe qu'en Californie : c'est dans une ville progressiste, mais où le travail est rendu très flexible[1], que l'opposition est la plus virulente, de la part tant des syndicats que des responsables politiques ou des autorités. Elle a notamment été portée par l'Independent Workers Union of Great Britain (IWGB), un syndicat créé en 2012 pour défendre ces travailleurs, et par son secrétaire général, Jason Moyer-Lee.

Ce syndicaliste de 35 ans, cheveux courts et boucle d'oreille, a mené les premières manifestations dès 2015 : « Nous avons été approchés cette année-là, quand l'IWGB était encore toute récente et représentait surtout des agents de nettoyage à Londres. Un groupe de coursiers nous a contactés parce qu'ils n'avaient pas de droits (notamment les vacances, l'assurance maladie), et ils voulaient organiser une manifestation. Ce qu'on a fait », explique cet Américain à l'accent londonien[2]. Là-bas, la plateforme *made in London* Deliveroo est incarnée par Will Shu, patron hyperactif à l'image lisse. Jason Moyer-Lee est l'antithèse du patron Shu. Il fait partie de cette nouvelle génération de militants d'outre-Manche qui affiche un style moderne pour des revendications anciennes : plus de droits pour les travailleurs. Car, en plus de Deliveroo, Uber se développe rapidement à Londres à partir de 2016, portée par le rythme trépidant des cadres de la finance, habitués à se déplacer fréquemment dans la ville.

Au sein de l'organisation, les luttes se structurent peu à peu. Des manifestations sont organisées régulièrement contre l'une ou l'autre des plateformes, le plus souvent

1. En témoignent notamment ces fameux contrats à zéro heure, grâce auxquels une entreprise peut salarier une personne et faire varier son nombre d'heures travaillées en fonction de ses besoins.

2. Entretien avec l'auteur, le 27 octobre 2020.

pour l'obtention de droits simples, ou par exemple contre les baisses inexpliquées des rémunérations. En octobre 2017, c'est auprès d'un tribunal que le syndicat obtient une première victoire contre Uber : un juge affirme que les chauffeurs ne devraient pas être indépendants (la firme américaine a déposé, là encore, un recours). Toujours en 2017, sous l'impulsion d'actions menées par le même syndicat et dans le cadre d'un procès qui fait beaucoup de bruit outre-Manche, le tribunal du travail de Londres décide d'accorder aux chauffeurs le droit de demander des congés payés et un salaire minimum. Un tournant pour bon nombre de victimes de l'ubérisation, car, la même année, le puissant Transport for London[1] annonce dans un communiqué qu'il ne compte pas renouveler la licence d'Uber, lui reprochant « un manque de responsabilité d'entreprise sur un certain nombre de sujets qui ont des conséquences potentielles sur la sûreté et la sécurité du public ».

Depuis, la vie n'est clairement pas des plus simples à Londres pour les plateformes. Chaque année, elles doivent faire face à de grandes manifestations, comme en octobre 2018, lorsque les chauffeurs de plusieurs villes anglaises ont fait grève pour réclamer une baisse de la commission de la plateforme de 10 %. Jason Moyer-Lee assume : « Ils ne leur attribuent pas la plupart des droits de base. C'est le boulot de notre syndicat de s'assurer qu'ils ne vont pas s'en tirer si simplement et démocratiser leur modèle. Imaginez, sinon, si on ne fait rien : bientôt, quand vous irez chez Starbucks, le barista aura une casquette avec cinq étoiles dessus. Vous choisirez votre barista en fonction de la note, et, s'il y a un problème avec l'un d'eux, Starbucks dira

1. L'organisme public qui gère les transports en commun du Grand Londres.

“Ce n’est pas notre salarié”. C’est contre cela que l’on mène des campagnes. »

La plupart de ces actions sont prolongées devant la justice, et soutenues par une partie de la classe politique. Le 21 février 2021, la Cour suprême britannique a estimé à l’unanimité que les chauffeurs pouvaient être considérés comme des travailleurs salariés. Ceci met fin au recours du géant américain et pourrait définitivement remettre en question son modèle outre-Manche. Depuis, l’IWGB est devenu là-bas le syndicat de la *gig economy*, l’économie des petits boulots. Et Jason Moyer-Lee, le trentenaire à la cool, le porte-parole de ces luttes émergentes qui inspirent jusque dans l’Hexagone.

*

* *

C’est à Genève que les travailleurs ubérisés ont connu la première vraie victoire symbolique. Dans la ville suisse et son canton, depuis septembre 2020, les livreurs des plateformes doivent désormais être salariés. Une grande première qui fait suite à une décision du tribunal cantonal : les 500 coursiers de la firme américaine Uber Eats bénéficient du statut de salarié, à défaut d’avoir pu obtenir des protections en tant qu’indépendants[1]. Pour Umberto Bandiera, secrétaire syndical au sein d’Unia, le plus important syndicat suisse, ces avancées symboliques ont été obtenues à l’ancienne, au prix

1. En Italie, le 25 février dernier, la justice a exigé des plateformes Just Eat, Deliveroo, Uber Eats et Foodinho-Glovo qu’elles requalifient en salariés les 60 000 livreurs qu’elles faisaient travailler quotidiennement. Une victoire importante pour les travailleurs, et qui pourrait encore bouleverser un peu plus le système à l’international, car en cas de non-respect, ces firmes s’exposeraient à un total de 733 millions d’euros d’amende.

d'un fort taux de syndicalisation et de nombreuses mobilisations.

En 2015, lorsque la société américaine débarque en Suisse, elle le fait, comme ailleurs, sans prévenir personne. Elle développe d'abord son réseau de berlines avec chauffeur. « C'était très chaotique, car il n'y avait pas d'encadrement légal. La société n'était ni inscrite ni annoncée. C'est un peu l'orthodoxie de ce modèle économique de rupture, dit "disruptif". Ils cassent les règles existantes. Ils choisissent les plus grandes villes et, chez nous, Genève représente un terrain très fertile pour ce genre de services : c'est une ville avec un très haut niveau de revenus et un très fort pouvoir d'achat[1] », précise Umberto Bandiera. Ce qui explique que l'application y ait connu un succès important. « C'est une ville de frontière, avec un énorme bassin de travailleurs venus de la France voisine », poursuit le syndicaliste. Résultat : dès les débuts de la plateforme de VTC, de nombreux chauffeurs français font le trajet tous les jours. « On a commencé à voir des chauffeurs de Marseille ou du nord de la France débarquer ici. Tout ça a engendré une situation assez conflictuelle, notamment vis-à-vis des taxis, qui n'ont pas vu cette concurrence étrangère d'un bon œil », se souvient Bandiera. Rapidement, ce sont 1 200 chauffeurs qui se mettent à tourner quotidiennement dans les rues genevoises. « Et, en tant que syndicat, on était plutôt critiques. On pense que les nouvelles technologies, comme toujours dans l'Histoire, peuvent apporter des bénéfices à la vie humaine, mais évidemment c'est un processus qui doit être motivé et géré démocratiquement. On ne peut laisser l'entreprise tout gérer seule. Ça porte atteinte à notre modèle

1. Entretien avec l'auteur, le 15 septembre 2020.

de partenariat social», avance-t-il. Avec toutes les questions que suscite l'expansion de ces activités : «Peut-on accepter qu'il y ait plus de 1000 voitures supplémentaires tous les jours dans Genève, moteurs allumés ?»

À partir de 2017, de plus en plus de chauffeurs Uber décident de se syndiquer. L'Unia souhaite donc mettre la pression sur la multinationale en organisant à plusieurs reprises des grèves au cours des années 2017 et 2018. «Les autorités sont intervenues avec le style suisse : le dialogue, la médiation… », s'amuse Umberto Bandiera. «On a un peu négocié, mais c'était un genre de comédie à l'italienne. Toutes ces grèves – on est quand même en Suisse –, c'est en soi un événement. Ça nous a au moins permis de clarifier une quantité importante de faits : les autorités nous ont confirmé le caractère illégal ou abusif des activités d'Uber. La médiation n'a pas de résultat, on a déposé une plainte pénale contre Uber pour usure et escroquerie. [...] Malgré ça, la société a persévéré dans son modèle les yeux fermés», regrette le syndicaliste.

Elle poursuit même son développement à Genève puisque, en 2018, elle y implante sa filiale de livraison de repas à domicile Uber Eats. «À ce moment-là, on s'engage dans une nouvelle bataille. Mais, heureusement, il y a un changement de gouvernement à Genève qui peut nous être favorable.» Bandiera a vu juste car, au cœur de l'été 2019, coup de tonnerre : le Conseil d'État genevois décide officiellement que les plateformes sont des sociétés de location de services. Uber Eats est en conséquence obligée de salarier ses livreurs. La firme dépose un recours, rien n'y fait : il est rejeté en juin 2020. Au 1er septembre, elle doit donc salarier tous ses coursiers. Une grande première : jamais une plateforme n'avait jusqu'à présent dû s'y résoudre. Résultat, à

Genève, 500 livreurs ont signé un contrat de travail en septembre 2020. « C'est le résultat d'une vraie bataille », se réjouit le syndicaliste. Un recours identique a également été déposé concernant les chauffeurs de berlines, il sera bientôt jugé et pourrait aboutir là aussi à la signature de contrats de travail.

Si le salariat apparaît souvent comme une réelle victoire, à défaut d'alternative fiable pour les travailleurs, ce succès est toutefois à relativiser. Car Uber n'est pas du genre à s'incliner si facilement. L'entreprise a certes dû salarier ses livreurs, mais elle l'a fait là encore avec ses propres règles, qui lui ont permis de déléguer ses responsabilités à des tiers. Ce qui est en quelque sorte sa marque de fabrique…

Karim[1], 28 ans, est l'un de ces premiers livreurs suisses à être devenu salarié de l'entreprise américaine à Genève – enfin, théoriquement. À l'origine, ce Français était soudeur. « J'en avais marre de bosser seul dans mon atelier, un ami m'a appelé un jour, il m'a dit qu'il avait besoin d'un chauffeur-livreur. Puis j'ai entendu parler d'Uber Eats. Comme quoi on était travailleurs indépendants avec des horaires flexibles, alors je me suis dit pourquoi pas. » Nous sommes en février 2020, et Karim dévale les rues de Genève pour la première fois : « Au début, ça me plaisait bien, cette flexibilité horaire, c'était pratique. On se connecte, on travaille, c'est simple comme bonjour. Jusqu'au jour où il y a eu trop de livreurs, là, c'est devenu compliqué. C'était juste avant le confinement, notre activité a dégringolé… » En septembre 2020, il apprend comme les autres qu'il sera bientôt salarié et non plus indépendant.

1. Entretien avec l'auteur, le 9 septembre 2020. Le prénom a été modifié pour protéger son identité.

Seulement, pour conserver de la flexibilité, Uber décide de sous-traiter cette activité à d'autres entreprises. Sont apparues rapidement une myriade de petites sociétés exerçant pour la plateforme, sur le modèle de la livraison d'Amazon que nous avons évoqué au chapitre 11. Karim, lui, a rapidement appris le nom de son employeur : « Chaskis SA ». Pour autant, il conserve sa tenue Uber Eats ainsi que son sac, sur lequel le nom de la marque est inscrit en grand. « Je bosse pour Uber Eats, moi, pas pour Chaskis ! J'ai du mal à comprendre... », nous disait-il à l'automne 2020. À l'époque, le livreur se dit heureux de bénéficier des avantages d'un CDI : « Les cotisations sociales, les congés payés, un salaire sur une base horaire... » Le seul point qui l'ennuie, c'est le planning : « On n'est plus tellement libres de travailler quand on veut. Je dois choisir soit le matin, soit le soir, ou la journée complète. Mais ça se fait en fonction des demandes, tu n'as pas forcément ce que tu as choisi... » À l'hiver 2020, il finit par rendre sa tenue et désinstaller son application : trop de contraintes et d'intermédiaires ont été mis en place par Uber Eats, rendant le travail quotidien invivable selon lui.

Son cas est représentatif de la politique « jusqu'au-boutiste » menée par les plateformes dans tous ces pays : contourner à tout prix les règles à leur profit. Il nous enseigne aussi une chose : rien ne sera réellement fait pour améliorer les conditions de travail si les entreprises ne le souhaitent pas. À ce stade, certaines d'entre elles semblent préférer disparaître d'un marché devenu contraignant plutôt que de coopérer avec les autorités. Pour résumer la situation, Alex Rosenblat a cette formule : « Uber, c'est de la sous-traitance poussée à l'extrême, enrobée dans un discours technologique[1] ! »

1. Extrait d'une interview au magazine *Usbek & Rika*, 19 mars 2019.

« La vraie question, c'est : comment développer ces activités partout sans passer par ce que l'on vit actuellement avec des humains soumis à un algorithme ? » s'interroge Umberto Bandiera, qui estime partager cette préoccupation avec ses collègues anglais et américains. « Nous, on propose de mettre la technologie au service des travailleurs, de redistribuer les gains. On fait face à de vraies questions de société qui impliquent des changements révolutionnaires. Car il y a derrière la question plus large de la façon dont on organise notre société. Et ça, ça fait peur. »

Demain, ou après-demain, ces questions s'imposeront sans doute à d'autres corps de métiers lorsque de nouvelles plateformes viendront bouleverser les modèles en place. Les enseignements tirés ces dernières années des luttes menées en Californie, à Londres et en Suisse s'avéreront précieux.

15

Face au risque d'un effondrement (ou les malheurs d'Uber)

En février 2017, une séquence vidéo fait le tour des médias américains. On y aperçoit Travis Kalanick, cofondateur et président d'Uber, assis à l'arrière d'un de ses véhicules et filmé par la caméra embarquée. C'est un dimanche de Superbowl[1], un soir de fête aux États-Unis. Il est entouré de deux amies. L'une d'elles s'adresse à lui, et, selon le site américain Bloomberg, semble lui affirmer que l'année écoulée fut difficile pour Uber. Il répond : « Je m'assure que chaque année soit une année difficile. C'est un peu comme ça que je fonctionne. Si c'est facile, c'est que je ne pousse pas assez fort. »

Derrière le volant, le chauffeur, Fawzi Kamel, ronge son frein. À la fin de la course, il ose finalement s'adresser au CEO[2] : « Vous augmentez les normes et vous baissez les prix… » Surpris, Kalanick répond : « Nous devons le faire car nous avons des concurrents. Sinon, nous faisons faillite ! » Puis la conversation se tend. Le

1. Finale du championnat des États-Unis de football américain, l'événement le plus regardé par les téléspectateurs du pays.

2. Chief executive officer, soit le directeur général.

conducteur hausse le ton : « J'ai perdu 97 000 $ à cause de vous. Je suis en faillite à cause de vous ! » À plusieurs reprises, face aux accusations, Travis Kalanick s'emporte et le renvoie dans les cordes d'un « Bullshit ! ». Avant de quitter finalement l'habitacle, il lâche une dernière attaque à l'endroit du chauffeur : « Certaines personnes refusent de prendre leurs responsabilités pour leur merde. Ils mettent tous leurs ennuis sur le dos de quelqu'un d'autre. Bonne chance ! »

Après la diffusion de ces images par Bloomberg, le fondateur d'Uber s'est confondu en excuses, pressé par l'opinion publique… et ses investisseurs. Trop tard. Cinq mois plus tard, en juin 2017, il annonçait sa décision de quitter l'entreprise. Officiellement, l'initiative viendrait de lui. Il souhaitait « prendre du recul », pour notamment avoir le temps de faire le deuil de sa mère, morte quelques semaines plus tôt dans un accident de bateau, comme il va l'écrire dans un ultime mail envoyé à tous les salariés du groupe. Officieusement, il aurait été poussé vers la sortie par le conseil d'administration après plusieurs années de décisions jugées parfois dangereuses pour l'avenir de l'entreprise, encore fragile. Les administrateurs se seraient appuyés sur une enquête menée en interne, pointant d'importants dysfonctionnements et dont les résultats ont été placardés partout sur les murs du siège.

En chassant Kalanick, Uber s'offrait une nouvelle image et espérait repartir vers l'avant. Car, si la société a démontré sa capacité à se développer et à s'adapter à tous les marchés dans lesquels elle s'est installée, elle n'a pas encore prouvé qu'elle pouvait être rentable. Le symbole de ce fondateur démissionnaire est dévastateur : l'homme de 44 ans s'imaginait en Steve Jobs, Bill Gates ou Mark Zuckerberg ; il quitte finalement son entreprise sur une polémique et un échec global. Ce scandale a aussi entamé la confiance des salariés. « Jusqu'en 2017, vous pouviez entrer chez Uber n'importe quel jour de la semaine, et la moitié des tee-shirts que les salariés portaient étaient des tee-shirts Uber », a assuré un dirigeant à Bloomberg dans un article publié le 18 janvier 2018[1]. « Ils ont disparu du jour au lendemain. Les gens ne voulaient plus porter des vêtements à l'effigie de leur entreprise… »

Peu de temps avant, la fin de l'année 2016 marque un point de bascule, voire de rupture, pour le modèle démocratisé par la firme de la Silicon Valley. Après plusieurs années d'exercice, certaines entreprises, les plus fragiles, ont baissé le rideau définitivement. Ce fut le cas de Tok Tok Tok en France et de Take Eat Easy, comme nous l'avons vu au chapitre 12. Les sociétés les plus puissantes sont alors attendues au tournant : elles arrivent à leur troisième ou quatrième année d'exercice, le moment où les investisseurs commencent à exiger des comptes. Mais, y compris chez les cadors, on a les genoux qui tremblent.

Deliveroo, par exemple, affiche en 2016 de très mauvais bilans, loin de rassurer ses actionnaires. Après quatre ans d'activité, la plateforme annonce une perte de 199 millions de dollars sur l'année, en partie compensée par une valorisation à plus de 2 milliards de dollars. En 2018, elle ne fait pas mieux. À mesure que la multinationale a étendu ses activités, la dette s'est creusée, jusqu'à atteindre 260 millions de dollars avant impôts. Pour la firme britannique, les soucis s'amoncellent un peu

1. « The fall of Travis Kalanick was a lot weirder and darker than you thought », Eric Newcomer et Brad Stone, *Bloomberg Businessweek*, 18 janvier 2018.

partout sur la planète, et elle doit éteindre plusieurs incendies qui l'empêchent de se concentrer sur son objectif vital de rentabilité. Car les travailleurs organisés autour de syndicats commencent à faire valoir leurs droits et à obtenir gain de cause dans certains pays. En Espagne, deux jugements rendus à Valence et à Madrid en mai 2019 ont fait l'effet d'une bombe : ils ont reconnu des livreurs comme des salariés de la plateforme, tout en réclamant les cotisations sociales impayées, soit 1,2 million d'euros. Les entreprises de l'ère Uber commencent alors à payer le prix de leur modèle de développement agressif et toujours pas rentable.

En 2019, c'est au tour d'Uber de vivre une année noire. Malgré le départ de son fondateur et la reprise en main par Dara Khosrowshahi, l'ancien patron d'Expedia[1], la multinationale accumule les couacs. Elle doit d'abord faire face à une perte record de 8,5 milliards de dollars pour l'année, liée notamment aux résultats des trimestres précédents mais surtout aux frais de son entrée en Bourse désastreuse. Le 10 mai 2019, pour son baptême du feu, la valeur du titre perd plus de 3 $ et termine à hauteur de 41,50 $, soit une baisse de 7,6 %. « Uber perd de l'argent. Ça ne dit sans doute rien à la Silicon Valley, mais ça parle à Wall Street. C'est une grosse déception », a expliqué au magazine *Capital* Matthew Kennedy, de Renaissance Capital[2]. L'opération a tout de même permis de lever 8,1 milliards de dollars d'argent frais, destinés à stabiliser ses activités. « On a quand même une entreprise qui s'est introduite en Bourse en affirmant qu'elle allait faire des pertes. Ça

1. Une société américaine d'agences de voyages en ligne.

2. Banque d'investissement axée sur les marchés émergents et frontaliers, fondée en 1995 en Russie.

veut dire que, partout où elle est installée, elle a déjà conquis d'importantes parts de marché. Quand on achète une action chez Uber, on achète une force de frappe», analyse Mathilde Abel[1], une doctorante en économie qui écrit une thèse sur le modèle économique des plateformes. Pour rassurer son camp, Dara Khosrowshahi promet de parvenir à l'équilibre d'ici la fin 2020. «Avec la pandémie, l'objectif a finalement été repoussé à fin 2021, mais nous sommes confiants», assure Andrew Byrne, le directeur mondial des affaires publiques.

Dans le même temps, on l'a vu au chapitre précédent, Uber doit faire face à de violentes oppositions partout où elle s'est implantée avec agressivité quelques années plus tôt. Parfois, les menaces d'interdiction concernent des pays entiers, comme en Allemagne. Outre-Rhin, les juges ont estimé en 2019 que la multinationale des VTC était «plus qu'un intermédiaire» entre clients et chauffeurs, car elle «choisit concrètement le chauffeur» et «décide du prix». De ce fait, Uber est considérée comme un «loueur de voitures» qui exerce sans en avoir l'autorisation. À Londres, on l'a dit également, l'autorité des transports de la ville (Transport for London) a refusé en novembre de cette année-là de renouveler la licence d'Uber, considérant qu'elle faisait une concurrence déloyale aux taxis.

En France aussi, la firme de VTC est remise en question. En décembre 2019, après une vague mondiale de témoignages visant des chauffeurs, des clientes françaises se sont confiées sur les réseaux sociaux : par le biais du hashtag #UberCestOver, elles dénoncent les viols, attouchements et agressions sexuelles qu'elles ont subis lors de courses, le plus souvent la nuit en rentrant

1. Entretien avec l'auteur, le 21 octobre 2020.

de soirée. Sous la pression, Uber a reconnu avoir recensé 6000 viols et agressions sexuelles aux États-Unis en 2017 et 2018. Les victimes tiennent la firme pour responsable : elle aurait souvent tenté d'étouffer ces affaires, et certains chauffeurs, bien que signalés, auraient continué d'exercer. En septembre 2019, Uber s'enfonce un peu plus dans la crise et doit licencier plus de 400 employés de son service marketing pour compenser les pertes qui s'élèvent à 8,51 milliards de dollars sur douze mois. Et ce n'est rien à côté de ce qui l'attend…

2020 rend le modèle incertain des plateformes plus instable encore : comme toutes ses homologues, Uber a vu sa santé économique gravement affectée par la pandémie. Ces sociétés qui semblaient plus que jamais taillées pour le monde « d'après » et proposaient des services de mobilité et de livraison à domicile continuent de souffrir de leur instabilité financière chronique. Uber a par exemple fait état, au début du mois d'août, d'une perte nette de 1,8 milliard de dollars au deuxième trimestre et d'une baisse du chiffre d'affaires de 29 % sur un an. Un trou d'air dû notamment à l'effondrement de la demande des trajets en voiture, qui a plongé de 67 %. Seul point positif, les revenus générés par la livraison à domicile ont doublé sur la période, pour atteindre 1,2 milliard de dollars.

Au mois de mai 2020, le patron d'Uber annonce 7200 licenciements (en deux vagues de 3500 puis 3700 personnes quinze jours plus tard), soit plus d'un quart de ses 26000 salariés. Et le moins que l'on puisse dire, c'est qu'on n'y a pas mis les formes. Les futurs ex-salariés ont appris leur infortune par la voix de la directrice du service clientèle basé à Phoenix, Ruffin Chevaleau, via un appel sur l'outil de visioconférence Zoom qui aura duré trois minutes au total. « Notre activité de chauffeurs privés s'est effondrée de moitié. Il n'y a donc pas assez de travail pour de nombreux employés du support client [...]. Votre département est impacté : nous supprimons 3500 postes. Ce sera aujourd'hui votre dernier jour chez Uber», annonce-t-elle simplement. «Nous savions qu'ils ne soutenaient pas leurs conducteurs, nous savons maintenant qu'ils ne soutiennent personne», a alors réagi une de ces employés dans les colonnes du *Daily Mail*. Ces décisions permettent à Uber de fermer une quarantaine de ses bureaux dans le monde (sur une centaine au total) et de se concentrer sur les activités les plus lucratives. La crise n'épargne aucun ténor de la «nouvelle économie» : chez Deliveroo, on doit aussi tailler dans les effectifs en licenciant 367 des 2500 salariés.

Outre-Atlantique, les déconvenues en série de la reine mère Uber ont conforté une certitude chez certains observateurs : elle pourrait être la prochaine grosse faillite d'une multinationale, entraînant avec elle l'éclatement de la bulle spéculative créée par les plateformes.

Dès la mi-décembre 2017, Paul Belleflamme, professeur d'économie à l'université de Louvain, en Belgique, comparait le secteur à une forêt en péril : «Derrière le baobab Uber se cache la forêt des plateformes de l'économie du partage, qui tiennent des places de marché dites "de pair à pair" (*peer-to-peer*). C'est une forêt où beaucoup d'arbres sont plantés (les idées ne manquent pas et les capitaux pour les arroser non plus), où certains arbres poussent très vite mais, pour la plupart, disparaissent (pensez, par exemple, à Take Eat Easy dans le secteur de la livraison de repas), et qui se transforment, au final, en larges clairières où ne subsiste qu'un très petit nombre de grands arbres aux racines peu profondes[1].» Sur les forums et dans les médias, les investisseurs, économistes, analystes, chauffeurs et quidams s'écharpent autour d'une question toute simple : Uber est-elle en train de chuter ?

Dès le printemps 2016, dans le mensuel américain *Harvard Business Review*[2], les économistes Andrei Hagiu et Simon Rothman constatent en tout cas que la société californienne a joué un jeu très dangereux, et avec elle d'autres start-up : celui de grandir trop vite. « Groupon et LivingSocial, des plateformes où les détaillants vendent à prix réduit aux consommateurs, fournissent une mise en garde pour les autres. Ces deux sociétés se sont développées de manière agressive, attirant des millions d'utilisateurs et des milliers de commerçants. Leur succès fut de courte durée : une fois que les commerçants ont réalisé que les remises Groupon et LivingSocial n'apportent pas de clients réguliers, ils ont commencé à faire des affaires sur de nombreux sites d'offres concurrents... », écrivent-ils. « Une croissance trop précoce amplifie les failles du modèle commercial, ce qui les rend plus difficiles à corriger. »

« Comment fait Uber pour perdre autant d'argent ? [...] En fait, face à ses nombreux concurrents (le Chinois Didi, l'Américain Lyft, l'Indien Ola ou le Singapourien Grab), Uber cherche à tirer son épingle du jeu en multipliant les promotions pour ses clients, mais surtout pour ses chauffeurs. La logique sous-jacente est que, dans une industrie de plateforme, où les effets de réseau sont supposés considérables, c'est le plus gros qui finira par emporter la mise (ce que l'on appelle en anglais la

1. Paul Belflamme, « Uber va-t-il mourir ? », *The Conversation*, 11 décembre 2017.
2. Andrei Hagiu et Simon Rothman, « Network effects aren't enough », *Harvard Business Review*, avril 2016.

logique du *winner takes all*)[1] », écrit Frédéric Fréry, enseignant-chercheur dans le domaine de la stratégie d'entreprise, du management et de l'innovation à l'École supérieure de commerce de Paris. Une stratégie qui, au-delà des coûts qu'elle engendre, peut s'avérer risquée : « Les barrières à l'entrée sont très minces : la concurrence d'une application sur smartphone est à un centimètre sur l'écran, et les chauffeurs comme les utilisateurs n'ont aucune raison d'être fidèles, tant que la qualité de service est interchangeable », précise le chercheur.

D'autres spécialistes sont persuadés du contraire : Uber a atteint un seuil critique à partir duquel elle ne pourra plus chuter, sous peine de causer des dégâts terribles. Autrement dit, une multinationale comme celle-là serait désormais *too big to fail* (trop grosse pour chuter). D'un point de vue social, la chute d'un mastodonte comme celui-là précipiterait, rien qu'en France, une centaine de milliers de travailleurs au chômage, ce que le gouvernement souhaite à tout prix éviter. Cela représenterait aussi une baisse substantielle des revenus pour les restaurateurs, déjà très affectés par la crise du Covid et parfois dépendants de l'activité d'Uber Eats. Bref, autant d'éléments qui laissent à penser que les gouvernements et bien entendu les investisseurs feront tout pour éviter la chute.

Selon Mathilde Abel, ces sociétés seraient finalement une forme hyperagile d'entreprises, dotées d'une grande capacité de résilience : « Une plateforme comme Uber est tout le temps en train de tester son équilibre de marché. Pour avoir des nouveaux clients, par exemple, Uber Eats doit être sûre que ça ne crée pas un déséquilibre sur

1. Frédéric Fréry, « Uber, le capitalisme dévoyé », *The Conversation*, 14 février 2018.

le marché. Si les commandes sont livrées en une heure au lieu de quinze minutes, par exemple, ça ne marche pas. Il faut donc qu'elle soit toujours certaine que le marché fonctionne. Et, pour cela, elle va accumuler des données, qui vont servir à vérifier leur "matching" (les correspondances) et effectuer des tests en permanence. Ainsi, sa capacité à lire le marché lui permet, au moment où le modèle économique est modifié ou lorsqu'une nouvelle fonctionnalité est introduite, de n'avoir plus de doute quant au fait que ça va marcher. Un lancement, c'est toujours une certitude », estime la doctorante. « L'atout d'une entreprise comme Uber, en ayant un marché multiface, c'est qu'elle peut ne pas être profitable sur un segment de marché, par exemple le VTC, et l'être sur un autre », analyse-t-elle.

Récemment, les trottinettes et vélos électriques en libre-service Jump ont fait la preuve de cette capacité d'adaptation. Moins d'un an après leur lancement par Uber, en 2018, leur gestion a été déléguée à un concurrent, Lime, la firme souhaitant mieux se concentrer sur son cœur de cible. Ainsi, au cours d'une crise telle que celle que nous traversons, une plateforme aussi puissante qu'Uber serait en capacité de se rétracter et de se redéployer à souhait, très rapidement et à moindres frais. Face aux entreprises plus « classiques », qui font preuve d'une inertie plus importante, cela fait sa force et explique sa survie en milieu hostile.

D'autant que, selon le *Financial Times*, Uber serait déjà en train d'apprendre de ses erreurs et de négocier son maintien dans certaines grandes capitales, comme à Londres. « C'est une grande première, Uber a proposé le 18 mars 2020 un plan d'aide financière Covid-19, pour couvrir la perte de revenus de conducteurs jusqu'à

14 jours en cas de maladie. Comme l'a déclaré une porte-parole d'Uber : "En ces temps difficiles, nous pensons que c'est la bonne chose à faire pour prendre en charge tout conducteur qui utilise l'application Uber. Ceux diagnostiqués positifs au Covid ou invités à s'isoler par une autorité de santé publique recevront une aide financière pouvant aller jusqu'à 14 jours. Cela s'ajoute à la protection d'assurance gratuite AXA, qui couvre les indemnités de maladie, de blessure, de maternité et de paternité pour tous les conducteurs au Royaume-Uni." » En faisant ce pas vers une protection des travailleurs, Uber change clairement de stratégie, prouvant qu'elle est prête à faire des efforts. Ce mouvement d'ouverture et de transparence semble en réalité amorcé depuis le début de l'ère Dara Khosrowshahi et le départ des fondateurs.

Pour moi y compris, habitué à la communication agressive et à l'opacité régnant au sein de l'entreprise, ce changement de méthode est une surprise. Lorsque j'ai sollicité Uber pour un entretien avec la direction internationale à San Francisco, je ne pensais pas obtenir de réponse positive. Avant 2019, les opportunités de communiquer avec les dirigeants pour ceux qui avaient émis des doutes sur le modèle étaient peu nombreuses (c'est un euphémisme). L'entretien fut finalement accepté avec Andrew Byrne, le directeur mondial des affaires publiques, qui, à mon plus grand étonnement, s'est livré à un exercice de mea culpa. « Travis (Kalanick) mérite une énorme part de crédit dans ce qu'est Uber aujourd'hui. Mais je pense que l'entreprise doit recréer un lien de confiance avec tous les interlocuteurs. Lorsqu'il est arrivé, Dara Khosrowshahi a changé beaucoup de choses, et une de ses priorités a notamment été de réparer la culture interne. Il a souhaité construire une société beaucoup plus transparente et honnête. Auparavant, nous étions comme une boîte noire, l'entreprise était focalisée sur la croissance, nous avons dépensé beaucoup d'argent pour nous implanter partout. Je crois qu'on ne pourra pas continuer à grandir à ce rythme et de cette manière[1] », explique ce jeune papa à l'accent british, employé de la plateforme depuis six ans. Pour lui, Uber attaque une deuxième phase de son histoire, dans laquelle l'entreprise souhaite non plus passer en force dans les villes où elle s'implante, mais travailler en « coopération » : « Uber a souvent eu une relation de conflit avec les villes et les industries déjà existantes. Je pense que nous étions si convaincus de notre propre popularité que nous n'avons pas pris en compte les critiques. Je ne pense pas que nous avons été assez transparents et honnêtes avec tout le monde. Ce qu'il s'est passé à Londres, notre bannissement, nous a ouvert les yeux pour reprendre la relation avec les villes à zéro. »

Il y a bien entendu deux manières de lire ce discours : soit les hauts cadres d'Uber ont pris conscience qu'ils ne pourraient pas pérenniser leur modèle en misant sur l'agressivité ; soit la plateforme abat désormais sa dernière carte, celle de l'ouverture, pour assurer sa survie, faute de mieux. Les prochaines années nous le diront, mais il y a probablement un peu de vrai dans chacune de ces deux hypothèses.

Finalement, la pandémie pourrait bien être une occasion de clarifier le *business model* : dans un monde confiné, c'est surtout la livraison à domicile qui représente l'avenir, plutôt que le transport de personnes. Uber comme Deliveroo semblent disposer des meilleurs atouts pour ajuster leurs forces et les concentrer rapidement sur

1. Entretien avec l'auteur, le 8 décembre 2020.

ce segment : un algorithme puissant, une réputation, des données accumulées, un vivier de travailleurs et des clients déjà conquis… « On a toujours espéré ce genre de potentiel dans la livraison de nourriture. Mais la pandémie a accéléré cela. Le comportement des gens a changé rapidement, cela nous a amenés à considérer autrement la stratégie en ce qui concerne la livraison : nous allons livrer plus de choses, pas seulement de la nourriture », annonce Andrew Byrne.

Selon Nick Srnicek[1], spécialiste de l'économie numérique et enseignant au King's College de Londres : « Le capitalisme réagit aux crises en se restructurant. » Ainsi sont nées les plateformes, au début des années 2010. À l'aune d'une nouvelle crise, elles pourraient être les mieux placées pour s'adapter et étendre leurs modèles à de nouveaux secteurs. Si, et seulement si, elles prouvent qu'elles sont en capacité de se stabiliser financièrement et de s'adapter aux particularités de chacun des pays où elles se sont implantées.

1. Auteur de *Capitalisme de plateforme : l'hégémonie de l'économie numérique*, Lux, avril 2018.

16

L'économie de la flemme

Après la crise, le modèle le plus résilient ?

Il est étonnant de voir ce qu'il reste quand tout s'arrête.

Le mardi 17 mars 2020, premier jour du confinement en France, premier duplex dans le Journal de 20 heures en direct des rues de Paris désertes. Le journaliste prend la parole pour décrire l'évidence : « Il n'y a personne dans les rues. [...] Les Français, pourtant réputés indisciplinés, ont bien respecté la consigne ce soir », analyse-t-il un peu pompeusement. La séquence dure en tout et pour tout à peine plus d'une minute. Assez pour que, derrière lui, passent trois livreurs à deux-roues, reconnaissables à leurs sacs à dos carrés. Lorsqu'on zappe en Italie, en Allemagne, en Grande-Bretagne ou aux États-Unis, on retrouve les mêmes scènes partout là où il y a un semblant de confinement.

Moins d'une semaine après le début du confinement, certains se sont pourtant inquiétés. Le président l'a dit d'un ton solennel : « Seuls les métiers essentiels continueront à exercer. » Caissières, agents de la RATP, postiers, médecins, infirmières, aides-soignant(e)s... Ceux-là mêmes que l'on applaudira bientôt tous les soirs à 20 heures à nos fenêtres. Si l'on suit ce raisonnement, les livreurs Deliveroo, Uber Eats, Amazon ou Frichti seraient donc « essentiels » à la vie de la nation ? « On ne transporte pourtant pas de médicaments », s'est étonné l'un d'eux, interrogé à ce moment. Tout le pays s'arrête, et voilà ce que l'on estime essentiel : des hamburgers cuisinés à point, des sushis ou des coques de téléphones ? Pendant ce temps-là, ont rappelé les syndicats – non sans démagogie –, les Français manquaient de masques et de papier toilette. Mais ils pouvaient commander un repas à domicile. Ouf ! Dans le même temps, le gouvernement a botté en touche, évitant soigneusement d'entretenir la polémique. Elle n'était de toute façon que secondaire au regard du contexte. Mais on peut facilement imaginer que, si ces entreprises ont continué de fonctionner, c'est parce qu'elles représentaient pour le consommateur le dernier lien avec l'extérieur. Tout peut s'arrêter, mais il faut continuer à consommer.

Cette image est révélatrice de la capacité de résistance du modèle des plateformes : c'est au moment où le monde traverse la crise la plus importante depuis 1929 que les plateformes sont apparues comme « essentielles » à la vie de centaines de milliers de personnes. Quand la foule fait peur et que l'on préfère (ou doit) rester chez soi pour se protéger, elles représentent la principale alternative.

*

* *

C'est désormais une certitude : le modèle des plateformes sera plébiscité dans le monde de demain. La chercheuse américaine Alex Rosenblat l'affirme :

« Les plateformes préparent les gens à accepter leur modèle comme la nouvelle norme pour l'emploi. » Avec la crise, ce sont en premier lieu tous les emplois précaires qui sont menacés d'ubérisation – les caissières, les femmes de ménage ou les agents de sécurité. Pour le moment, ce glissement n'inquiète pas grand monde, car ces gens-là font déjà partie des invisibles.

Pour exploiter ces activités, de nouvelles start-up repoussent toujours plus loin le code du travail. Au mois d'avril 2020, au tout début de la crise sanitaire et économique, je me suis mis à la recherche d'un petit boulot pour vérifier cette intuition. Je suis rapidement tombé sur Cowash, un service fondé en 2017 et décrit par ceux qui l'ont pensé comme un « pressing collaboratif ». Le principe est simple : les clients peuvent, via une application, trouver une personne dans les environs qui viendra prendre leur linge sale, le laver puis le repasser à son domicile. C'est donc le service parfait pour tous les citadins pressés qui n'ont pas le temps de lancer une machine ou de parcourir les 300 mètres qui les séparent d'une teinturerie. Et, bien entendu, Cowash affiche des prix bien plus attractifs que le secteur qu'il vient concurrencer.

Une chose m'étonne tout de même. La start-up assure que, contrairement à ce qui se fait chez Uber ou Deliveroo, il n'est pas indispensable d'avoir un statut ni de déclarer l'argent gagné. Je ne serai donc pas auto-entrepreneur comme les livreurs ou les chauffeurs VTC. Étrange… Selon le site internet de Cowash, ce service tomberait dans la catégorie « activité collaborative », comme le covoiturage par exemple, ce qui permettrait à tout le monde de s'exonérer d'une déclaration. Le problème n'est pas des moindres : sans statut, il n'y a pas non plus de cotisation, ni de convention collective, encore moins de protection ni de statut social. Pour Cowash, d'ailleurs, hors de question de parler de « travail », mais simplement d'un service que l'on rend à un voisin. À court terme, l'affaire peut être reluisante pour moi : je vais gagner plus si je ne déclare pas mes revenus aux impôts.

Pour en avoir le cœur net, j'ai décidé de me lancer en tant que « cowasher ». L'inscription est assez simple, une hôtesse me guide en ligne pendant trente minutes pour m'expliquer le fonctionnement de l'application. Je suis ensuite lâché dans le grand bain des machines à laver. Première surprise : le service, en partenariat avec la lessive « Le Chat », exige pour pouvoir débuter l'activité que vous commandiez au minimum pour 15 € de produits de la marque. Il me faut aussi remplir mon emploi du temps, préciser mon adresse, puis patienter jusqu'à la première commande.

Elle tombe le lendemain matin. Il m'est impossible de connaître la quantité de linge, je m'en inquiète auprès du SAV de Cowash. Je leur écris dans un tchat dédié : « Ce n'est pas très pratique, ça fait beaucoup de contraintes pour prendre en charge simplement du linge. » Ce à quoi un employé me répond clairement : « Ce n'est pas "prendre en charge simplement du linge", nous sommes une société et nous avons des engagements envers nos clients. » Soudain, donc, je ne suis plus un voisin aidant, mais une personne tenue à une prestation de qualité qui sera jugée. Le lien de subordination débute là. Sur le site, Cowash entretient d'ailleurs le doute quant à notre situation auprès de ses clients, mais affirme bien que nous sommes tenus de produire de la qualité : « Les cowashers sont des particuliers certifiés par Cowash pour leur expérience en nettoyage et repassage de vêtements. Ce sont des gens proches de vous et disponibles. Chaque cowasher a été soigneusement sélectionné puis testé et formé au service[1]. Ils ont un point commun : la volonté de vous satisfaire avec un résultat irréprochable et une vraie flexibilité. »

Je dois aller chercher ma première commande dans le chic Marais parisien, en plein cœur de la capitale, où les appartements se vendent à plus de 15 000 € le mètre carré. Je suis à l'heure, mon interlocuteur me dit de monter au troisième étage. Il m'ouvre la porte. C'est un jeune homme, à peu près de mon âge, qui a l'air de se réveiller tout juste, même s'il est 13 h 30. Il a le teint gris, les yeux vitreux, les cheveux gras et se tient devant moi en caleçon, peignoir et pieds nus (non, je n'exagère pas). Derrière lui, j'aperçois un appartement plutôt chic, des mégots de cigarette débordent du cendrier sur la table du salon et il y a quelques cadavres de bouteille. Notre premier échange de regards est assez étrange, il semble gêné. Et je dois dire que moi aussi : j'ai l'impression de me voir à sa place (même si je n'aurais jamais ouvert la porte en caleçon). Nous avons le même âge et nous vivons dans la même ville. La seule différence : je sais faire ma lessive et aller à une laverie, lui non. Le jeune trentenaire en peignoir me tend un sac Ikea énorme, dont les coutures sont prêtes à céder. Le fêtard a lui-même du mal à le soulever. Je le soupèse, il doit y en avoir au moins pour 15 kg (18 en réalité après l'avoir réellement pesé sur une balance). Il me tend aussi un petit sac avec deux pulls en laine « à laver à la main ». Concernant l'inventaire de ses fringues, le client « cowasher » assure qu'il « me fait confiance » et que je n'aurai qu'à le faire moi-même une fois arrivé chez

1. Ce qui n'a pas vraiment été mon cas...

moi. Rendez-vous est pris soixante-douze heures plus tard pour la restitution du linge lavé, repassé et plié. « Merci, au revoir », il claque la porte, esquissant un demi-sourire.

Je sors de cet immeuble haussmannien avec les deux sacs, un sur le dos, l'autre sur l'épaule, que je dois rapporter à mon domicile. Devant la terrasse du café au coin de la rue, je deviens parano : j'ai l'impression que les clients me regardent bizarrement. C'est un paradoxe que j'ai déjà exploré en tant que livreur Amazon : lorsqu'on passe dans la catégorie des invisibles en mouvement, on a constamment le sentiment d'être observé du coin de l'œil par ceux qui sont assis en terrasse. Dans mon cas, le déclassement joue sans doute : en temps normal, j'aurais pu être un des leurs, mais aujourd'hui, je remonte chez moi, péniblement, à vélo.

Arrivé à mon domicile, je fais les comptes du bout des doigts : 14 caleçons sales, 12 paires de chaussettes, 11 chemises, 3 tee-shirts, 4 pantalons, 1 pull, 1 serviette et… 1 culotte. Je regarde le petit hublot de ma machine à laver, tente d'y faire entrer une première fournée. Au sol, il m'en reste encore plus des trois quarts. À ce stade, autant vous dire que manipuler les caleçons sales d'un inconnu est assez répugnant. Mais si je veux tout laver et sécher à temps, c'est-à-dire en moins de trois jours, il me faudrait faire au moins quatre, voire cinq lessives successivement. Et les programmes de ma machine durent au minimum trois heures. Compter donc douze à quinze heures à répartir sur mon week-end pour laver le linge de mon cowasher, qu'il faudra ensuite repasser et plier. Je me rends à l'évidence : je vais manquer de temps.

Par texto, je demande au jeune homme au peignoir si je peux disposer d'un jour de plus, notamment parce qu'il y a dans le lot une chemise tachée de grosses traces de gras rouges. Il me répond que « non », car il est « en déplacement le reste de la semaine », et que je n'aurai qu'à venir déposer à un autre moment ce que je n'aurai pas pu laver. J'ai du mal à le croire, mais j'ai peur d'insister et de me voir infliger une mauvaise note. Je le comprends à ce moment : c'est lui qui dicte les règles, je ne dispose d'aucune marge de manœuvre.

Direction donc la laverie, où je remplis deux grosses machines que j'arrose de la précieuse lessive « Le Chat ». Alors que je mets chacun de ses caleçons sales dans le tambour, je sens monter une vraie haine pour le gars en peignoir et tout ce qu'il incarne. Me voilà donc à la laverie à sa place, pour qu'il puisse tranquillement se remettre de sa cuite de la veille. Que l'on donne ses chemises au pressing, pourquoi pas. M'enfin, ses caleçons sales ! Et que l'on ne vienne pas me dire que « ça crée du travail », tout ce qui touche de près ou de loin à cette expérience n'a ni le statut, ni la rémunération, ni la protection, ni même le sens ou la forme de ce que l'on appelle un travail décent en 2020. Ce « service » vient simplement exploiter une offre et une demande : certains dans ce pays ont besoin d'arrondir leurs fins de mois, d'autres ont de l'argent à dépenser, la start-up est là pour les faire se rencontrer et prélever une commission. J'ai aussi l'impression de concurrencer celles et ceux qui sont payés décemment pour faire ce job, avec un vrai statut. Mais le tout, il faut l'avouer, est bien enrobé d'une image « à la cool ».

Une fois les 12 € de la laverie réglés, les lave-linge tournent pendant plus d'une heure. Temps pendant lequel, d'ailleurs, je ne peux pas trop m'éloigner, car j'ai trop peur qu'on me vole ses vêtements. Puis de nouveau, trente minutes à patienter le temps que le sèche-linge fasse des prouesses. Ensuite, je prends la direction du pressing pour confier une chemise blanche tachée de gras. À ma grande surprise, les patrons me toisent d'un air amusé : « On va voir ce qu'on peut faire, mais, vu les taches, c'est difficile. Revenez dans quatre jours. » Impossible : je dois rendre le vêtement à son propriétaire dans soixante-douze heures et j'explique le principe de Cowash. Ils s'esclaffent : « Vous n'avez qu'à leur dire que même nous, on ne va pas y arriver en si peu de temps ! » La facture s'alourdit : 3,20 € de plus pour l'opération détachage…

Le moment est venu de faire les comptes. Au total, la rémunération pour ce « service » s'affiche en bas de mon application : 45,75 €. Dont il faut donc retirer 15 € de lessive, 12 € pour la laverie, 3 € pour le sèche-linge, et 3,20 € pour la chemise tachée. Ce qui fait un total de 33,20 € dépensés pour laver les vêtements de quelqu'un d'autre. Tout ce qu'il reste dans ma poche : 12,55 €, pas un sou de plus. Cette somme est censée rémunérer ma force de travail, une fois tous les frais déduits. Si l'on poursuit nos petits calculs, entre les trajets, les machines, le séchage, etc., cela m'a pris trois heures trente, auxquelles il faut ajouter deux heures de repassage et de pliage, et trente minutes pour laver à la main les pulls en laine. Au total, donc, six heures de travail pour 12,55 €. Soit une rémunération de 2,09 € de l'heure… C'est donc moins que le salaire horaire minimum en Chine, qui est de 2,60 € ! Rappelons par ailleurs que tout cela n'est pas déclaré, puisque c'est censé n'être qu'un complément de revenu « collaboratif ».

Au moment de clore cette expérience, je dois envoyer une ultime photo à Cowash pour leur prouver que j'ai bien fait mon travail et attendre leur validation. Le jeune homme m'accueille, toujours en peignoir, comme s'il n'avait pas bougé depuis trois jours. Il mange une chips, jette un œil à son linge puis m'adresse un « C'est sympa »... Je n'exagère rien, là encore.

L'histoire aurait pu s'arrêter là. Mais, quelques jours plus tard, une femme, que je découvrirai ensuite être l'une des cadres de la plateforme, m'appelle, un peu inquiète : « Sur la photo, on voit qu'il y a une chemise qui n'est pas bien pliée. On voit aussi que les tee-shirts n'ont pas l'air bien repassés. Il faut faire un effort, monsieur, vous pouvez regarder des vidéos sur YouTube sur le pliage », me dit-elle. Je n'ose pas lui dire, mais le travail de repassage a aussi en partie été effectué par un pressing, car mon fer à repasser m'a lâché en cours de route.

Cela fait cinq jours que j'ai rendu le linge, je n'ai toujours pas été payé. Je m'en inquiète. Elle me répond que « ça va arriver », qu'il faut être patient. Deux minutes plus tard, un de ses collègues m'appelle dans la foulée et me lance de but et blanc : « Apparemment, vous n'êtes pas très concerné par le pliage, monsieur ? » Décontenancé par sa question agressive, je lui demande ce qui lui fait dire ça. Il me lance alors d'un ton sec : « Vous avez eu une conversation avec ma collègue, apparemment, vous étiez plus intéressé par le paiement que par le pliage. » Je dois l'avouer, à ce moment-là, j'ai un peu craqué. J'ai d'abord cru à un canular d'un ami qui aurait été mis dans la confidence de mon immersion de la semaine (mes amis sont des petits rigolos). Non, il répète sa question sur le même ton. Bouche bée, je lui lâche alors un « Mais vous êtes tous fous ? » d'incrédulité, puis lui confirme qu'en effet, lorsqu'on fait ces petits boulots, on peut être dans une situation de précarité qui exige que l'on soit payé pour son travail. Il me rétorque que je ne vais pas lui « apprendre ce que c'est la précarité» ni «comment faire son boulot» (une façon de dire qu'il en croise plein, des précaires). Et que, vis-à-vis de leurs clients, il y a «une obligation de résultat». À ce moment, je lui révèle enfin la vérité : je suis journaliste, client mystère, et le travail a en partie été fait dans un pressing. Et je demande à parler au patron de la société. Silence à l'autre bout du fil…

Je dois me rendre à l'évidence : je n'ai jamais connu, dans aucune de mes plongées dans ce «nouveau monde», autant de pression quant à une obligation de résultat. J'ai eu le sentiment d'avoir constamment les cadres de la plateforme sur le dos, de ne bénéficier d'aucune marge de manœuvre avec le client, et tout cela sans statut. On pourrait comparer cela à du salariat déguisé, donc.

Au téléphone, le fondateur de Cowash, Adrien Hugon[1], s'en défend comme il peut : «À l'origine, on a créé Cowash comme un site de petites annonces pour que des gens puissent se rendre service entre voisins. On ne pensait pas du tout ça comme du travail. Personne ne peut vivre exclusivement de Cowash. Aujourd'hui, il y a 500 cowashers et une centaine de commandes par jour…» Il reconnaît ensuite que tout n'a pas tourné comme il l'imaginait : «Avec le temps, on a eu pas mal de soucis, certains volaient les commandes, ne rapportaient pas le linge…» Ce qui explique en partie les contrôles des six salariés de la société, quitte à installer un lien de subordination : «On a dû modérer. Nous, tout ce qu'on voulait, c'est qu'il y ait un vrai service. Tout ça, c'est pour essayer de faire quelque chose, de fluidifier. On a été sincères dans la démarche. Après, j'entends qu'il y a des critiques…» On le sent

1. Entretien avec l'auteur, le 30 octobre 2020.

dépité. Il acquiesce : « J'en ai un peu marre de tout ça... On a essayé de faire au mieux, mais il faut reconnaître que ce sont des marchés difficiles. Si vous n'êtes pas sur un énorme marché, comme Uber, c'est compliqué de faire beaucoup d'argent. Vous avez les utilisateurs qui vous gueulent dessus, les cowashers aussi, vous êtes constamment entre deux feux. Et, en ce qui concerne le statut, on ne contourne pas la loi par bonheur. Le fait est qu'il n'y a pas de loi, c'est tout. Mais je pense qu'à un moment, on gagnerait à ce que l'État fasse une vraie loi. Au moins, on aurait un *business model* clair. On saurait depuis le début ce qu'il faut faire, ce qu'il ne faut pas faire. Ou alors, à un moment, il faut se poser la question du modèle des plateformes : est-ce qu'on les tue toutes ou est-ce qu'on continue ? Mon avis, c'est que ça rend service à des gens et que c'est important. Il ne faut pas être trop manichéen non plus. » Selon lui, embaucher des personnes pour faire ce boulot aurait un « coût énorme » : « On ne pourrait pas salarier 2 millions de cowashers. Par contre, on pense que ça a une vraie utilité que 2 millions de personnes s'aident entre voisins... »

À titre personnel, j'ai passé toute cette enquête à lutter contre une intuition forte : les nouvelles start-up de ce type forment l'« économie de la flemme », qui précarise davantage encore les petits boulots. Jusqu'à présent, dans nos sociétés occidentales, les nouveaux services inventés sont venus combler des besoins plus ou moins nécessaires. Mais, depuis l'ère Uber, quand les firmes n'ont plus rien eu à nous vendre, elles ont décidé d'exploiter notre propre flemme. Celle de faire à manger, celle de se déplacer, celle de lancer une machine à laver. Pour cela, elles appliquent un joli vernis de modernité sur leurs intentions. Mais il y a derrière tous les écueils de l'« ancien monde », sans cadre ni loi. Et de tout cela, le jeune homme en peignoir aux caleçons sales est le symbole.

*

* *

Ce modèle ultraflexible des plateformes, alliant indépendance, algorithmes et travail à la demande, semble tellement fait pour le « nouveau monde » que son domaine s'étend un peu plus chaque année. Depuis le premier confinement du printemps 2020, outre le pressing, il a touché d'autres jobs plus communs, avec ou sans statut d'indépendant.

Ainsi, plusieurs enseignes de supermarchés dont Franprix, Monoprix et Casino ont eu besoin de main-d'œuvre urgente pour pallier les désistements liés à la pandémie. Elles ont eu recours aux services d'une start-up jusqu'alors méconnue du grand public : StaffMe. Cette autre société de la génération « start-up nation » propose aux moins de 30 ans, via une application, des missions ponctuelles sur des petits boulots (nettoyage, manutention, livraison, vente...). Le but : utiliser la technologie pour simplifier et fluidifier la recherche et l'offre tout en rendant obsolètes les agences physiques. « L'idée, c'est d'être très efficace pour que les demandeurs d'emploi puissent très vite accéder à de l'emploi », expliquait l'un des fondateurs de StaffMe, Jean-Baptiste Achard, interrogé sur BFM TV. Lorsqu'on compare ces activités à une agence d'intérim classique, rien de bien nouveau. Sauf que, contrairement à ce qui se faisait jusqu'à présent, la plateforme exige le statut d'auto-entrepreneur pour réaliser ces missions, en lieu et place de celui d'intérimaire.

Sur le site de l'application, l'indépendance est vantée à toutes les lignes. Le statut permettrait notamment de « devenir son propre patron » et de « recevoir toujours [les] aides à côté (bourse, allocations chômage...) ». Cela ne vous rappelle rien ? Oui, la start-up reprend exactement le même modèle que celui d'Uber, Deliveroo et les autres. Sauf qu'elle l'étend à tous les petits boulots : hôte et hôtesse de caisse, manutention, personnel de ménage, etc. On a donc vu, pendant le confinement, des hôtes et hôtesses de caisse employé(e)s dans des supermarchés à la journée tout en étant indépendants. Les entreprises ne s'en sont pas cachées. « StaffMe cherche des étudiants pour des jobs dans une enseigne de grande distribution à Paris et IDF : hôte de caisse, agent polyvalent, vente », indiquait par exemple une offre publiée dans le groupe « Jobs à Paris » le 22 mars 2020 et relevée par l'hebdomadaire *Marianne* dans son numéro du 8 avril. « J'ai travaillé chez Monoprix pendant trois semaines jusqu'à samedi dernier [le 4 avril], en tournant sur trois magasins de la région lyonnaise. Il y avait d'autres auto-entrepreneurs avec moi, j'en ai vu sept en tout », explique dans le même article un étudiant en hôtellerie-restauration de 19 ans.

Les enseignes qui ont été épinglées pour ces pratiques ont indiqué que la mesure était « temporaire » et liée au contexte exceptionnel. Pourtant, au déconfinement, le recours aux auto-entrepreneurs n'a pas disparu, bien au contraire. Ce modèle semble tellement incarner l'avenir que la région Île-de-France a décidé de nouer un partenariat inédit avec StaffMe. Pour « préserver l'emploi des jeunes en temps de crise », expliquera la présidente de région, Valérie Pécresse.

Cette crise touchant particulièrement les jeunes actifs, le nombre d'offres n'a fait qu'augmenter au fil des mois. Sur StaffMe, on lit notamment : « Mission à Blois. Actuellement en plein développement, nous sommes à la recherche de concierges H/F, pouvant intervenir pour des missions ponctuelles. » Ou encore : « Mission à Chartres. Arthur, marque de lingerie et vêtements de nuit haut de gamme. Nous recherchons un ou une vendeuse pour notre boutique de Chartres pour sa braderie du 1er au 5/09. » Bien entendu, sur chacune de ces missions, la plateforme prend 20 % de commission. Et l'on peut facilement imaginer qu'avec le temps, d'autres « petits boulots » vont connaître le même sort que les hôtes/hôtesses de caisse et vendeurs/vendeuses…

Dans les années à venir, il faut probablement s'attendre à ce qu'une part importante des métiers les plus précaires soient exploités par des plateformes. Avant, peut-être, de s'attaquer à d'autres corps de métiers, plus qualifiés. Ainsi fonctionnent les entreprises du « nouveau monde » : elles donnent l'impression de tout révolutionner sans jamais rien inventer.

ÉPILOGUE

Et demain ? Tous ubérisés ?

L'enfer est pavé de bonnes intentions, et l'univers du travail ubérisé n'échappe pas à la règle. Sous prétexte de simplifier et de sécuriser les relations entre les clients et certains prestataires de service, de nouveaux protagonistes font déjà leur apparition, avec le même appétit que les fondateurs d'Uber ou de Deliveroo. De nouveaux secteurs s'apprêtent donc à vivre leur délicat atterrissage dans le monde en trompe-l'œil du travail en miettes.

Les prochains touchés par ce modèle seront probablement les artisans. En réalité, ils le sont déjà en partie, car de nombreuses entreprises ont vu le jour ces dernières années, proposant, sur des plateformes numériques, des petites réparations ou du dépannage. Prétextant des « services à la personne », elles avancent les mêmes arguments qu'Uber ou Deliveroo avant elles : il s'agit de revenus complémentaires rapides et faciles d'accès. La technologie sert de prétexte pour simplifier la mise en relation et prélever une commission. Elles s'appellent HelloCasa (nouvellement Izi by EDF), MesDepanneurs.fr ou VraimentPro, et ont pour ambition de sécuriser les transactions dans le secteur de la réparation – là où les clients redoutent souvent de se faire arnaquer. Un secteur visiblement porteur, puisque Amazon s'y intéresse aussi avec son Amazon Home Service.

Les fondateurs de ces « services » assurent donc vouloir assainir le deal : c'est une intention louable. Le problème, vu du côté des artisans, c'est que le recours à ces plateformes les dépossède réellement de leur travail. Comme les chauffeurs Uber, ils sont notés à chaque prestation, ce qui fait peser sur eux une pression constante. Ces plateformes se rétribuent là aussi via une commission, réduisant aussi leurs revenus. Surtout, on assiste, comme souvent avec l'ubérisation, à une extension du domaine du travail jusque dans la sphère privée.

Sur ces sites, on trouve des particuliers qui vont concurrencer les professionnels. Désormais, toutes nos compétences se monnayent, et chacun d'entre nous peut devenir menuisier ou cuisinier en plus de son activité professionnelle « officielle ». Là encore, la question du statut et de la protection demeure floue. Quand la tâche est présentée comme un « service à autrui », mais qu'elle est rémunérée, de quoi est-il réellement question ?

D'autres métiers, plus qualifiés, sont aussi en passe de connaître une forte concurrence via l'arrivée de nouvelles plateformes à bas coûts. C'est le cas notamment de tous les secteurs où les freelances étaient déjà présents en nombre avant l'arrivée d'Internet : graphistes, photographes, développeurs informatiques… Certains prophétisent aussi que « la médecine se fera ubériser à l'horizon 2025[1] », avec notamment le développement de

1. Frenchweb.fr, extrait d'une conférence sur la e-santé, le 16 mai 2016.

la téléconsultation et l'acquisition par tous de savoirs communs grâce au Net. Mais sont également dans le viseur des professions dont les compétences peuvent être facilement mutualisées ou numérisées, à savoir les avocats ou encore les architectes. Ainsi, la plateforme française ArchiOnline, née dès 2013, propose à des particuliers un accompagnement dans la construction d'une maison, avec le téléchargement de plans d'architectes existants dans le but de réduire les coûts. Même schéma : un avantage pour le client, qui fait des économies; mais une potentielle baisse d'activité, à moyen-long terme, pour les architectes.

J'ai même assisté, assez sidéré je dois l'avouer, à l'ubérisation des pères Noël (si, si), à la veille des fêtes 2018, lors d'un reportage pour *Libération*[1]. Ce secteur fut faste dans les années 80-90, lorsque les PME avaient facilement recours à eux pour égayer les dîners de fin d'année. Mais les salariés préfèrent désormais recevoir des chèques cadeaux, et les restrictions budgétaires ont eu raison des pères Noël de supermarché. Restent quelques grands magasins et les municipalités, friandes des appels d'offres. Résultat : les agences spécialisées ont vu débarquer des pères Noël bas de gamme, mis en avant par des sociétés tout-numérique, persuadées que « n'importe qui peut mettre un costume rouge, une barbe en coton et devenir père Noël », comme me l'expliquait un responsable d'une agence de comédiens.

En tant que journaliste, je suis probablement déjà menacé, moi aussi. Il ne vous a pas échappé que la presse ne se portait pas très bien depuis la démocratisation d'Internet, de nombreux médias peinent encore à se

---

1. « Petit papa Noël, avec tes CDD par milliers », *Libération*, 21 décembre 2018.

renouveler ou à trouver leur modèle. Certains entrepreneurs imaginent fréquemment des « Spotify » ou « Deezer » de la presse pour relancer cette économie. L'idée est simple : donner accès à tous les articles de nos journaux favoris en échange d'un abonnement mensuel. Facebook a exploré cette piste en menant plusieurs essais à partir de 2017 avec sa fonctionnalité « Instant Articles », qui permet de consulter des articles directement sur l'application mobile. Google a aussi envisagé cette option, tout comme certains opérateurs, tel SFR avec son portail SFR Presse. Si ce modèle venait à s'imposer (ce qui est loin d'être le cas pour le moment), il risquerait de nuire à la diffusion propre d'un titre et à son indépendance éditoriale.

*

* *

Rassurez-vous, face à ces nuages menaçants, il existe des solutions. Elles sont multiples et ne demandent qu'à germer dans des cerveaux sains. Comme l'affirme le magazine américain *New York Mag*[1], en ce qui concerne l'économie du partage et les plateformes, contrairement à ce que l'on pourrait penser, il n'est pas question de « confiance » mais de « désespoir ». Il fait le constat que, depuis 2008, de nombreux emplois à temps plein ont disparu au profit du temps partiel, plus flexible. Ainsi, les *side jobs* ont pu se développer, comme sur Uber, Airbnb ou Deliveroo, lesquelles ont surfé sur l'idée qu'elles renforçaient le lien de confiance entre les utilisateurs. Alors que, en réalité, « bon nombre des personnes qui louent leur main-d'œuvre et leurs biens par

1. « The sharing economy isn't about trust, it's about desperation », *New York Mag*, avril 2014.

le biais de ces services finiront par gagner une fraction de ce qu'elles faisaient avec leur emploi à plein temps et ne bénéficieront d'aucun des avantages».

Échapper à ce modèle doit donc d'abord être une volonté politique.

On peut aussi s'interroger sur les raisons qui créent un tel déséquilibre. La réponse est vite trouvée : les entreprises agissent pour leur seul et unique intérêt. C'est un point important : il faut imaginer une pyramide ultraverticale qui compterait des milliers de petites entités à son socle, toutes en relation avec une seule énorme entité à son sommet. Ce schéma est des plus instables, vous l'aurez compris.

Certaines plateformes semblent toutefois prêtes à évoluer : Just Eat a annoncé, fin janvier 2021, qu'elle allait recourir en France au salariat. Cette perspective donne de l'espoir à de nombreux travailleurs. La décision peut aussi avoir été prise à des fins de marketing, il faudra plusieurs mois d'exercice avant d'en juger. Elle interroge tout de même : si l'on venait collectivement à penser un modèle vertueux ? On pourrait aussi imaginer (comme cela se fait déjà dans la livraison) des intermédiaires de proximité entre la plateforme et les travailleurs. Et ce dans tous les secteurs en voie d'ubérisation, en s'inspirant de ce qui se fait dans les coopératives. Cela favoriserait la transformation numérique de certains métiers, sans créer de déséquilibre, car ces groupes seraient plus à même d'imposer leurs règles du jeu. Il est aussi nécessaire de continuer à explorer toutes les pistes pour ne pas s'enfermer dans l'éternel schéma : multinationale *vs* millions de travailleurs. Il devrait exister des plateformes locales, régionales ou nationales réellement émancipatrices et encouragées, pourquoi pas, par les pouvoirs publics. Car quoi de plus paradoxal en 2021 que de commander un plat préparé en circuit court sur une de ces plateformes et de se le faire livrer dans de telles conditions ?

La prise de conscience écologique doit s'accompagner d'une autre, sociale celle-là. Pour cela, il nous incombe, à nous, clients, d'aller vers toujours plus de sobriété. Moi le premier, j'en prends l'engagement.

Remerciements

Je tiens à remercier Laure-Anne pour son écoute, sa bienveillance et son précieux soutien. Il est si bon de se sentir accompagné de la meilleure partenaire dans cette vie trépidante.

Un immense merci à ma mère et à mon frère Gwen, qui sont des piliers pour moi. Il y a un peu de vous dans ce livre.

Merci à ma grand-mère d'avoir révélé chez moi l'envie de raconter la vie des autres. À mon âge et à mon époque, tu aurais fait une merveilleuse journaliste.

Merci à Pierre pour sa présence fidèle.

Merci à mes amis Émilien, Adrien, Brice et Thomas pour leurs conseils avisés.

Merci à Léo et à la famille Rozé pour leurs encouragements du bout du Finistère.

Merci à toute l'équipe de *Libération*, un beau et grand journal qui m'a fait confiance et laissé la liberté d'explorer ces sujets au quotidien.

Merci au Stade Brestois 29 de m'avoir offert le divertissement idéal lorsque j'avais besoin de me changer les idées.

Merci à toutes celles et ceux qui m'ont soutenu de près ou de loin dans l'écriture.

Un merci tout particulier à Éric Maitrot pour m'avoir accompagné et soutenu dans l'élaboration et l'écriture de ce livre. J'ai beaucoup appris à son contact.

Merci aussi à Noëlle Meimaroglou de m'avoir fait confiance.

Je tiens enfin à remercier sincèrement toutes celles et ceux avec qui j'ai eu le plaisir d'échanger ou qui ont accepté de témoigner dans ce livre.

Table

Imprimé en France par CPI
en avril 2021

La photocomposition de cet ouvrage
a été réalisée par
GRAPHIC HAINAUT
30, rue Pierre Mathieu
59410 Anzin

MIXTE
Papier
FSC FSC® C003309

L'éditeur de cet ouvrage s'engage dans une démarche
de certification FSC® qui contribue à la préservation
des forêts pour les générations futures.

Pour en savoir plus :
www.editis.com/engagement-rse/

N° d'édition : 61498/01
N° d'impression : 163108